AF609547

CHAPITRES NOBLES DE LORRAINE.

ANNALES, PREUVES DE NOBLESSE, DOCUMENTS, PORTRAITS, SCEAUX ET BLASONS

PAR

FÉLIX DE SALLES.

EXTRAIT DU RECUEIL ANNUEL DE LA SOCIÉTÉ HÉRALDIQUE I.LE ET R.LE „ADLER" POUR 1887.

VIENNE.
GEROLD & CIE.
LIBRAIRES
PLACE SAINT-ETIENNE.

PARIS.
EMILE LECHEVALIER
LIBRAIRE
39, QUAI DES GDS AUGUSTINS.

1888.

CHAPITRES NOBLES DE LORRAINE.

ANNALES, PREUVES DE NOBLESSE, DOCUMENTS, PORTRAITS, SCEAUX ET BLASONS

PAR

FÉLIX DE SALLES.

EXTRAIT DU RECUEIL ANNUEL DE LA SOCIÉTÉ HÉRALDIQUE I^LE ET R^LE „ADLER“ POUR 1887.

VIENNE.
GEROLD & CIE.
LIBRAIRES
PLACE SAINT-ETIENNE.

PARIS.
EMILE LECHEVALIER
LIBRAIRE
39, QUAI DES G^DS AUGUSTINS.

1888.

Chapitres nobles de Lorraine.

ANNALES, PREUVES DE NOBLESSE, PORTRAITS, SCEAUX ET BLASONS.

Introduction.

Patriae utrique suum!
(Médaille de 1773.)

Sous le gouvernement de nos ducs bénéficiaires et de nos ducs héréditaires, plus tard, sous celui du duc apanagiste Stanislas, roi de Pologne, et sous celui des Bourbons de France, la Lorraine fut la terre bénie de l'Eglise : elle avait des abbayes, des prieurés, et des chapitres insignes, comme peu d'autres pays, et le culte des traditions de l'ancienne chevalerie-pairie du duché y était aussi purement conservé. Tout en nous restreignant autant que possible à l'objet le plus prochain de cette étude, la question des *preuves* de noblesse, nous ne pourrons cependant nous abstenir de donner les listes des abbesses et chanoinesses illustres des *Abbayes et insignes églises collégiales et séculières des Dames* de Remiremont, de Bouxières, d'Epinal, de Poussay, de Sainte-Glossinde et de Saint-Louis de Metz, etc., en même temps qu'une notice historique sur ces chapitres nobles, sur leur état réel et personnel, au moment où la Révolution française les dispersa et les spolia. Nous devrons aussi étudier leur constitution intérieure. Remiremont nous retiendra même plus longtemps, parce que Remiremont a joué un rôle politique assez notable. Nous avons puisé aux sources historiques anciennes et aux archives, et la tâche était ardue, car la Révolution a détruit bien des choses; mais ce que nous avons pu retrouver, grâce aux plus bienveillants concours de savants archivistes et lotharingistes, donnera quelque valeur à ce travail. Le Recueil dans lequel il paraît, jouit d'un haut et légitime crédit, et, d'un autre côté, c'est un Lorrain (petit-fils de Charlemagne et de Saint-Louis, par son aïeul, l'empereur François Ier) qui règne sur l'empire,

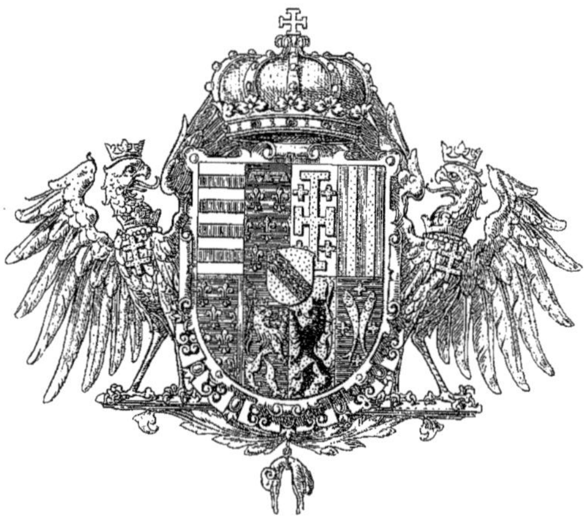

Armes pleines de Lorraine, sous le duc Léopold[1]).

[1]) Ces armes ont été dessinées et gravées d'après les documents authentiques : nous avons eu soin en particulier de corriger deux fautes héraldiques commises par un grand nombre de peintres et de graveurs, qui consistent à omettre de couronner de gueules, au 6e quartier, le lion de Gueldres, ou, au 8e quartier, le lion de Juliers, et ensuite à surmonter la couronne fermée du globe d'empire, tandis qu'elle doit être

aimé et vénéré de ses peuples, ainsi que ses glorieux ancêtres le furent de nos pères. En dehors même de l'importance des documents et des renseignements que nous avons à grand'-peine recueillis[2]; des portraits, des blasons, des sceaux, des monnaies que nous avons fait reproduire par un artiste de talent; des arbres généalogiques et autres actes que nos recherches et études habituelles nous ont mis entre les mains; nous espérons donc que l'oeuvre trouvera grâce devant nos doctes confrères de la Société Héraldique I^le^ et R^le^, auxquels elle est tout d'abord destinée[3]).

Cette étude, qui semblerait à première vue n'avoir qu'un intérêt purement rétrospectif, aura cependant en réalité une valeur incontestable d'actualité, tant qu'il existera des dignités auliques, tant qu'il y aura des ordres religieux de chevalerie et des chapitres nobles, dont les portes ne s'ouvriront que devant les fils ou les filles des gentilshommes dont l'antique lignée sera sans alliage, c'est-à-dire, sans dérogeance, ni mésalliance; car il arrivera plus d'une fois encore que les postulants ou postulantes seront des descendants des plus glorieuses maisons chevaleresques représentées dans ces chapitres, et plus d'une fois encore que l'on retrouvera dans les annales, les parchemins et les délibérations capitulaires de Remiremont, de Bouxières, d'Epinal, de Poussay, de Sainte-Glossinde et de Saint-Louis, etc., les *preuves* que les Révolutions et les invasions n'auront pu anéantir. Ces *preuves* continueront à faire foi certaine; car, au XVIIIe siècle, les chapitres nobles de Lorraine s'étaient unis aux grands chapitres nobles d'Allemagne et d'Alsace, et cette *fédération capitulaire* avait pour effet, en faisant recevoir dans les autres chapitres unis, devenus pour ainsi dire solidaires de la pureté des lignes généalogiques, les preuves reçues par un de ces chapitres, de rendre plus faciles et plus surs la recherche et le contrôle des titres de noblesse et des blasons[4]).

Ce sera enfin un magnifique spectacle que cette revue des filles de la chevalerie la plus illustre, dont il existe encore des représentants en ce pays et ailleurs, des filles du sang royal de France, des filles du sang ducal de la noble et catholique Lorraine, où bien des témoins du passé ont été détruits, mais où les ancêtres de l'Empereur et Roi[5]) dorment désormais aux Cordeliers leur dernier sommeil, sous la garde du souvenir.

Les Chapitres nobles de Lorraine fourniraient la matière d'une étude plus longue et plus complète, dont ce Mémoire est en quelque sorte l'introduction et la quintessence, au double point de vue historique et héraldique, et se rattache à nos Annales de l'Ordre Teutonique et de l'Ordre de Malte.

Vienne, 7 juillet 1887.

CHEVALIER FÉLIX DE SALLES.

---

surmontée de la croix de Jérusalem, d'or, sans globe. Ces corrections sont justifiées: 1° par la formule du blason de Lorraine (Dom Calmet, Suite des portraits . . . Florence, MDCCLXII, Cabinet des médailles de la maison I^le^ [V.], n° 1051); 2° par l'arbre généalogique de Charles-Alexandre de Lorraine, de 32 quartiers (Arch. c. de l'O. T. [V.] orig. en parch., 260, I); 3° par toutes les monnaies et médailles du Cabinet-des médailles de la maison I^le^, qui se rapportent aux Lorraine, à l'exception d'une seule pièce du duc Léopold Ier, et en particulier par la magnifique médaille généalogique de F. de Saint-Urbain (dite des alliances), portant au centre les armes pleines de Lorraine et tout autour les 32 blasons des femmes des ducs, de Hadwide de Namur à Marie-Thérèse d'Autriche; 4° par un vitrail de Saint-Sébastien à Nancy, posé en 1731, où les armes pleines sont sommées de la *couronne fermée à l'impériale, surmontée d'une croix de Jérusalem* (Lionnois, H. de N., II, 581).

[2]) H. Lepage, Complément au Nobiliaire de Lorraine, p. 109. „Le 4 août 1792, on tirait de nos Archives, pour être brûlés, conformément à la loi du 24 juin précédent, tous les titres de noblesse qui pouvaient y exister“.

[3]) Les dessins sont de M. Milan Sounko, peintre héraldique, membre actuel de l'Adler et membre associé du Conseil Héraldique de France.

[4]) Bibliothèque Nationale (Paris) — Poncelin de la Roche-Vilhac, Etat des Cours de l'Europe. Année 1783, p. 383—400), donne la liste des chapitres nobles d'Allemagne: Dames nobles, *Buchau*, Abbesse, la Comtesse Marie-Max. de Stadion (l'abbesse fait seule voeu de virginité); *Essen*, Abbesse, la Princesse Marie-Cunégonde de Pologne; (protestant) *Gandersheim*, Abbesse, la Princesse Aug.-Dorothée de Brunswick-Luneboug; (protestant) *Herforden*, Abbesse, la Princesse Fréd.-Charlotte de Prusse; *Lindau*, Abbesse, la Comtesse Joseph-Agathe, B^onne^ d'Ulm; (protestant) *Quedlinbourg*, Abbesse, la Princesse Amélie de Prusse; *Thorn*, Abbesse, la Princesse Marie-Cunégonde de Pologne et de Saxe. Les abbesses de ces sept chapitres étaient princesses du Saint-Empire et avaient voix et siége à la Diète. — H. Lepage, parlant des hauts chapitres d'Allemagne, à propos de cette réciprocité, n'en a trouvé que 4: c'est selon lui Mayence, Spire, Wurtzbourg et Eichstadt, (H. Lepage, L'abbaye de Bouxières). — Outre le chapitre insigne de la Cathédrale de Strasbourg, il y avait en Alsace le chapitre noble de Dames de *Sainte-Odile* (Hohenburg), dont l'abbesse avait rang et voix à la Diète, en qualité de princesse d'empire, et les chapitres *d'Andlau* et *d'Ottmarsheim*: l'abbesse du premier était princesse immédiate depuis 1161, et les chanoinesses en étaient baronnes. — Les chapitres nobles d'Autriche sont bien connus de nos lecteurs.

[5]) Lionnois, H. de N. III, p. 327. „Les cendres de nos augustes Princes et Princesses furent arrachées de leur caveau sur la fin de février 1794 et inhumées au cimetière de Boudonville.“ Elle furent restituées au caveau de la Chapelle-Ronde, au commencement de ce siècle, et les tombeaux sont demeurés intacts. Le vandalisme révolutionnaire connut des bornes, ce dont il n'était point coutumier. — La tombe de Boudonville restitua en 1826 les ossements qui y avaient été ensevelis à part de tous autres. Le 20 octobre, en présence des commissaires de France et d'Autriche, le Marquis de Foresta, d'une part, S. E. le baron de Vincent, d'autre part, on mit à découvert le vaste ossuaire provenant de la Chapelle-Ronde. Après trente-trois années, la terre rendit fidélement le dépôt qui lui avait été confié. Ailleurs, on exhuma Gérard de Vaudémont, Charles IV et Henri de Vaudémont, son fils, et le 9 novembre suivant, eut lieu avec une pompe inusitée jusqu'alors, qui rappelait les antiques usages, la touchante cérémonie de la réintégration dans le caveau ducal. Parti de la Cathédrale, où, dès la veille, une chapelle ardente avait été ouverte, le majestueux cortége funèbre défila lentement jusqu'à sa destination, au milieu d'une foule empressée, émue; un service solennel consacra cet acte expiatoire, et, au bruit du canon, ces restes précieux, contenus en cinq cercueils et six caisses, furent de nouveau descendus sous le sol, „ainsi rendus à la paix du tombeau, pour y demeurer à jamais, sous la triple sauvegarde de la religion, du respect des peuples et de la foi des traités“. (L'Eglise des Cordeliers, La Chapelle-Ronde, etc. Jean Cayon, 1842.)

Première partie.

I.

Abbayes séculières, abbayes et insignes églises collégiales et séculières, chapitres illustres ou chapitres nobles de dames en Lorraine. Leur origine.

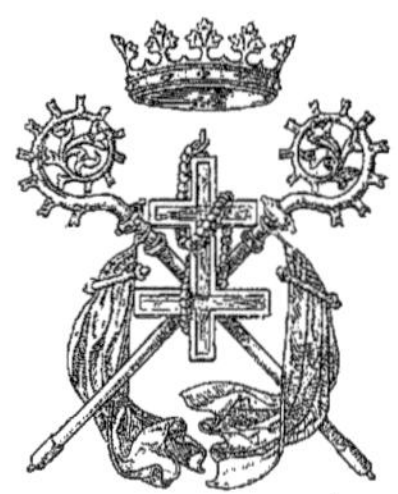

Les Lotharingistes, par esprit d'exclusion ou pour toute autre cause, ont coutume de n'énumérer dans leurs courtes notices sur les chapitres nobles que ceux de Remiremont, d'Epinal, de Poussay (dans les Vosges) et de Bouxières-aux-Dames (près de Nancy): ils omettent Sainte-Glossinde et Saint-Louis de Metz, Saint-Maur de Verdun et les Dames prêcheresses de Nancy, où l'on retrouve pendant des périodes déterminées tous les caractères essentiels des abbayes à la fois séculières et insignes. Les chanoinesses de toutes ces églises collégiales vivent sous une règle et n'admettent à leurs stalles capitulaires et à leurs prébendes que les filles de la noblesse chevaleresque, pouvant faire les preuves de leur illustre lignage.

Un écrivain a dit avec infiniment de raison: »Il semblait naturel à l'aristocratie d'avoir la jouissance des biens légués aux monastères par ses aïeux, et pour légitimer ce droit, elle obtint graduellement le transformation de ces monastères en collégiales et chapitres ouverts à ses filles. L'existence de ces chapitres nobles paraissait une nécessité politique dans une société féodale: les stalles capitulaires offrent un asile plein de dignité aux filles de la noblesse décimée et ruinée par des guerres interminables, et la prébende fut souvent la récompense de glorieux services. Ces chapitres étaient encore un sûr dépôt, non seulement des titres, mais encore des traditions nobiliaires, et la sévérité que l'on apportait dans l'examen des lignes généalogiques excluait les parchemins équivoques et les armes compromises par des alliances cupides.“ [6])

L'Eglise lutta d'abord contre l'institution des chapitres; mais elle finit par accepter les faits accomplis, en s'efforçant de maintenir du moins dans les abbayes séculières et insignes, la piété et l'esprit de charité. Elle s'associa aussi à des tentatives de réforme dans le sens de la règle primitive, et y réussit à Ste-Glossinde (1680) et chez les Dames prêcheresses (1640); ailleurs elle échoua.

L'institution des chapitres a laissé des traces sous les Carlovingiens: le Concile de Francfort (794) fait mention des chanoinesses; le Concile de Mayence (813) formule des règlements pour leur conduite; le Concile de Châlons-sur-Saône (813) les signale comme une innovation religieuse; le Concile d'Aix-la-Chapelle (815) [7]) compose une règle pour elles. Digot, que l'esprit de dénigrement de ce siècle inspire, prétend même qu'au XIIe siècle, le pape Eugène III, tout en recommandant aux archevêques de Trèves et de Cologne les chanoinesses de Remiremont, lorsqu'elles faisaient quêter pour rétablir leur église collégiale ruinée par la foudre, déversa en même temps un blâme sévère sur la sécularisation des chanoinesses [8]). Quoi qu'il en soit, nous pouvons, en nous appuyant sur les documents les plus dignes de foi, affirmer que, si les Dames des insignes abbayes collégiales et séculières vécurent souvent d'une façon plus mondaine, qu'il n'était compatible avec le caractère religieux, les nobles chanoinesses, tant qu'elles gardaient stalles et prébendes, non seulement pratiquèrent les vertus de la femme, qui sont la chasteté et la charité, mais méritèrent dans toutes les abbayes qui nous occupent qu'on leur appliquât ces paroles que le cardinal de Rohan, évêque de Strasbourg, grand-aumônier de France, légat apostolique, adressait au Chapitre de Remiremont après sa visite de l'abbaye, en mai 1727 [9]). „Madame et Mesdames, notre mission est finie. Je vous rendrai le témoignage que, de tout ce que j'ai vu et de tout ce que j'ai entendu, j'ai été également édifié. Quelle consolation pour Sa Sainteté [10]) d'apprendre qu'au milieu de ces montagnes, il se trouve un nombre considérable de chanoinesses qui, liées par la charité, et renon-

---

[6]) A. Guinot, Etude historique sur l'abbaye de Remiremont, p. 135.

[7]) Mabillon, Oeuvres posthumes, II.

[8]) Aug. Digot., H. de L., I, p. 387.

[9]) Archives d'Epinal.

[10]) Benoît XIII.

çant aux grandeurs humaines auxquelles elles semblaient appelées par leur naissance, *ne s'occupent que de rendre à Dieu un culte aussi exact et aussi saint que si elles étaient consacrées par des voeux.* Ce grand pape, à ce récit, se rappellera l'idée de ces dames romaines qui, du temps de Saint Jérôme, faisaient l'admiration du monde chrétien et qui ont été célébrées par les éloges de ce qu'il y a de plus grand dans l'Eglise . . ."

Le principe essentiel de la constitution des abbayes insignes demeura intact dans le cours des âges. Le gouvernement des chapitres demeura électif: l'anneau abbatial et la crosse furent les marques représentatives du pouvoir suprême; les abbesses furent des reines élues, gouvernant sous le contrôle et avec le concours du chapitre. Immédiateté religieuse et approbation de l'élection par le Saint-Siége; pouvoir modéré par la collégialité; titre de dame et de comtesse [1]) résultant de l'admission à la stalle capitulaire, voilà ce qu'il importe encore de noter, avant de nous occuper spécialement de chacune des abbayes, au point de vue de son organisation et de ses annales.

II.

ABBAYE IMMÉDIATE, INSIGNE, COLLÉGIALE ET SÉCULIÈRE DE SAINT-PIERRE DE REMIREMONT, SON ORGANISATION, SES ANNALES, SES ABBESSES ET SES CHANOINESSES LES PLUS CÉLÈBRES.

Armes de l'abbaye d'après un décalque fait sur un manuscrit de 1787.

Nous ne voulons pas remonter trop haut dans le passé de l'abbaye de Remiremont, qui fut successivement le monastère d'Habend, le monastère de Saint-Romaric, le Rhomberg ou Saint-Mont, l'insigne Eglise, collégiale et séculière, ou Chapitre illustre des Dames chanoinesses de Remiremont. Nous nous contenterons de répéter avec tous les historiens anciens que, fondée en 620, sur les ruines du *Castrum habendi*, au sommet de la montagne d'Habend, elle vécut près d'un siècle sous la règle de Saint Colomban et éclaira l'Austrasie de ses vertus; que, sous les premiers Carlovingiens, elle adopta la règle de Saint Benoît, puis se détacha peu à peu de cette règle et s'en affranchit vers la fin du XIIIe siècle. Nous dirons ses luttes de la période bénédictine avec les ducs de Lorraine; car c'est l'époque pendant laquelle elle fonde et défend sa puissance politique. Elle devient immédiate du Saint-Siége et immédiate du Saint-Empire, et forme un fief indépendant au milieu des Etats des ducs de Lorraine. Puis, au XIVe siècle, transformée en chapitre noble, elle n'est plus, pour nous servir des termes exacts de Guinot,

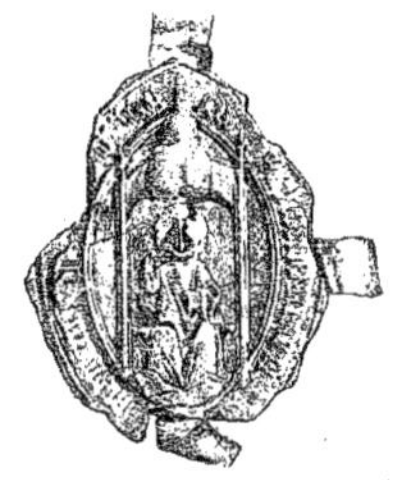

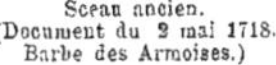

Sceau ancien. (Document du 2 mai 1718. Barbe des Armoises.)

Sceau secret d'Anne-Charlotte. (Document du 30 mai 1744. Anne-Charlotte de Lorraine.)

qu'un *Parthénon aristocratique*, qu'un Institut féodal voilé de souvenirs sacrés et de quelques apparences monastiques. Le XVIIe siècle s'écoule en luttes glorieuses, mais stériles, pour la réforme de l'abbaye dans le sens monastique; Catherine de Lorraine succombe à la tâche. Au XVIIIe siècle, l'illustre collégiale est privée de la plupart de ses priviléges séculaires par le duc Léopold, par le roi-duc Stanislas, par le roi Louis XV. Dans les luttes contre la France, elle était restée lorraine et avait pâti pour la cause nationale: elle en fut mal récompensée; mais elle signala ses dernières années d'existence par de grands travaux d'architecture et des oeuvres de charité, dont beaucoup lui ont survécu. La Révolution l'emporta: c'est aujourd'hui une nécropole dévastée, dont nous allons fouler les débris avec un pieux respect. Le berceau de cette abbaye fut entouré de gloire; sa domination fut juste et douce; pendant douze siècles, elle inscrivit sur les tables capitulaires les noms

[1]) Pour le titre de dame, ce ne sera pas contesté; mais pour le titre de comtesse, cela pourrait être mis en doute. Voici donc nos preuves. Nous lisons dans les Mémoires de la Comtesse H. de Waldner, exchanoinesse (B^ne d'Oberkirch), I, 37. „J'étais chanoinesse, on le sait. Les chapitres protestants avaient sous les rapports nobiliaires, les mêmes droits et les mêmes usages que les chapitres catholiques. On m'appelait donc Madame la Comtesse de Waldner." Les listes des publications officielles de la fin du siècle dernier, sont des actes indiscutables, et nous n'avons cité les Mémoires Oberkirch que comme le témoignage curieux d'une chanoinesse protestante, qui a du reste passé sa vie au milieu des chanoinesses catholiques et des gens de cour. (V. Almanach officiel de Lorraine et Barrois, 1788, p. 156, et Vte d. G., La France chevaleresque et chapitrale, p. 183). Nous citerons aussi à cette place et dans le reste de notre étude, de charmants Mémoires intimes, écrits par Madame Marie-Antoinette de Messey, dame de Remiremont et nièce de la noble et courageuse abbesse de Bouxières, dont Madame la Comtesse Alexandrine de Messey de Bielle, nièce de l'écrivain, a eu la gracieuseté de nous confier le manuscrit, et nous indiquerons ces citations par ces mots: *Mém. Int. de M.-A. de Messey.* Or nous y lisons: „Remiremont avec ses dépendances, était un comté; de là le titre de comtesse que ces dames portaient uniformément; celles qui avaient d'autres titres les abandonnaient pour celui-là, comme les princesses de Ligne, de Listenay, etc." — Gérard, avoué de Remiremont, et les ducs ses successeurs, notamment Simon (1202), s'intitulent comtes de Remiremont. (Dom Calmet, H. de L.). C'était une comté-princière.

les plus illustres de l'Europe catholique; ses abbesses étaient depuis le 30 juillet 1290[12]), princesses immédiates du Saint-Empire avec droits régaliens et avec siége et voix à la Diète, de même que l'abbaye avait été comprise au partage de 870 à titre d'abbaye impériale[13]); la médiatisation de fait fut en quelque sorte la conséquence de la transmission en 1310 au duc de Lorraine par l'empereur Henry, du droit d'investiture de la princesse-abbesse[14]); en 1564, l'immédiateté fut réclamée sans succès par celle-ci: les lettres de sauvegarde, de protection, de maintenue de priviléges, furent, on le verra, sans effet; c'est alors que pendant les deux derniers siècles de son existence, l'illustre abbaye, s'estimant par ses traditions à la hauteur des rois, fait alliance avec eux et place sa couronne capitulaire sur des têtes royales: en empruntant ses abbesses aux familles qui occupent des trônes, elle retrouve dans l'éclat des noms dynastiques un reflet de son ancienne puissance[15]). Aussi verrons-nous que, par suite de cet instinct si vivace de grandeur historique, lors même que la crosse de l'abbesse ne fut plus un sceptre, l'abbaye resta par les vertus et les bienfaits à la hauteur de son glorieux passé[16]).

Avant d'écrire les Annales de l'Abbaye, en suivant la série des abbesses, nous allons nous arrêter à l'organisation de ce puissant institut féodal décoré d'un nom religieux à partir de sa sécularisation, en suivant le récit de Guinot fait d'après ses devanciers[17]) et collationné par nous avec les cartulaires et rituels de Remiremont[18]). Notre auteur dit excellemment que la sécularisation, à la fin du XIIIe siècle, l'affranchit de la règle bénédictine, et que n'étant point reconnue comme chapitre par l'Eglise, elle n'était point soumise aux réglements capitulaires dé-

---

[12]) Archives d'Epinal. Diplôme de l'empereur Rodolphe du 30 juillet 1290: „Rudolphus Dei gratiâ Romanorum rex semper augustus universis sacri imperii fidelibus gratiam suam et omne bonum. Gloria Romani imperii firmatur solidius, gloriatur sublimius et propensius stabilitur ubi reverendis principibus velut fortibus columnis ac indissolubilibus conjuncturis firma compagine solidatur . . . Nos . . . Felicitatem dictam Loretam abbatissam Romaricimontis in nostram principem recipimus et in numero principum collocamus, et sua regalia id est administrationem temporalium . . . transmittimus ex favore gratiae specialis. Quare vobis universis et singulis vassallis hominibus ad monasterium Romaricimontis pertinentibus districte praecipiendo mandamus quatenus dictae abbatissae et nostrae principi vestraeque Dominae omni subjectione reverentia studeatis sinceriter obedire et ei parere per omnia pro ut jus est. Datum Erfordiae iij kalendas Augusti anno domini MLXXXX[0]. Indictione iij Regni vero XVII." Par diplôme de 1299, daté de Worms, l'empereur Albert confirme au monastère ses priviléges anciens et le prend sous la protection spéciale du Saint Empire (Dom Calmet, N. de la L., II.). Par diplôme du 10 avril 1307, daté d'Ensisheim, le même empereur confirme à l'abbesse de Remiremont (Clémence de Wiseler, selon Hélyot), en termes exprès le titre de princesse d'empire, qui avait été conféré à Félicité ou Lorette par Rodolphe, et Sigismond rappelle dans les lettres de sauvegarde du 20 juin 1415, datées de Mayence, la qualité de princesse de l'abbesse Henriette d'Amoncourt et ses droits régaliens (Dom Calmet, l. c. et, Archiv. d'Epinal, Cart. de Rem[t]). D'après les lettres de l'empereur Henry IV (1070), l'abbaye possédait alors en Lorraine, en Bourgogne et ailleurs, 32 prévôtés, et devait à l'Empereur une redevance féodale considérable, tandis qu'elle payait au Saint-Siége, toutes les années bissextiles, un cheval blanc — tribut changé en 1489, d'après Hélyot, en un versement de 20 fl. d'or, tous les quatre ans (Dom Calmet, l. c., et, Archiv. d'Epinal, Cartul. de Rem[t]).

[13]) Ficker, Vom Reichsfürstenstand.

[14]) Ibidem.

[15]) Dom Calmet, Notice de la L., II, p. 278 et s. „Au commencement du XVIIIe siècle, les seigneurs de Fénétranges (Lorr. all.), pour le château de ce lieu, de Fougeroles (Comté de Bourgogne), de Bruxey, de Fouchécourt et Sauxeroles, d'Obstein (Alsace) pour la maison forte de la ville d'Alzvitz, de Mancheim pour la vouerie de ce lieu, d'Arnaville pour le ban de Gugney, Champdray, Rehautpont et Gircourt, de Gorhey pour la vouerie de ce lieu, sont feudataires du Chapitre et prêtent foi et hommage entre les mains de Madame l'Abbesse. Le Chapitre est reconnu fondateur des prieurés d'Hérival et d'Obiey". V. aussi plus loin les *bans* de l'abbaye.

[16]) Remiremont par l'abbé Didelot, Nancy, 1887. — Lettre de M. le Comte de Briey, évêque de Saint-Dié à l'éditeur, l'abbé, Ch. Charpentier. „ . . . Ce qui demeure vrai, c'est que le Chapitre de Remiremont, dans son existence séculaire, avait conquis l'estime et l'affection de tout le peuple avec lequel il était en rapport; c'est un fait dont les preuves surabondent, et n'est-ce pas un suprême éloge pour ces nobles figures disparues sans retour . . ?" — L'abbé Didelot, Mémoire sur l'histoire des Vosges, ms. „Le souvenir de la chute d'une aussi belle abbaye, l'une des plus riches et des plus renommées de l'Europe, laissa de profondes et terribles plaies dans les coeurs de la génération qui avait été témoin des derniers reflets de sa splendeur, des libéralités et des bienfaits que, comme une seconde providence, elle répandait autour d'elle, mais surtout dans la ville de Remiremont, chez les familles pauvres comme dans la bourgeoisie même la plus opulente. Cette génération est éteinte, mais la mémoire de l'illustre abbaye est restée vivace chez la population: elle y constitue même une légende glorieuse, honorée, vénérée, impérissable." — Les *délibération et remontrances* à l'Assemblée nationale pour la conservation du Chapitre (Registre municipal de Remiremont de 1790, p. 33 — 36), sont la plus belle oraison funèbre du Chapitre. Voici quelques extraits de cet acte du 22 avril, dressé en l'hôtel de la commune: „Les officiers municipaux et les notables représentant la commune de Remiremont ont l'honneur de remontrer à l'auguste Assemblée Nationale que ses décrets du 14 avril 1790, qui dépouillent le clergé des biens dont il jouissait et en donnent l'administration aux districts et aux départements, leur faisant craindre la destruction du Chapitre de leur ville, leur causent les plus vives inquiétudes et la plus sensible affliction, parce que la prospérité de la ville, son existence même dépendent de la conservation de ce pieux et respectable établissement . . . . Le Chapitre fait circuler à Remiremont et dans les lieux voisins, près de cent mille écus, tant de ses revenus que des pensions que plusieurs de ses membres tirent de leurs familles . . . Par la disposition des bénéfices et des offices, qui sont à sa nomination, il procure plus de soixante mille livres de rentes à différentes familles de Remiremont; il nourrit douze cent pauvres tous les carêmes; ses aumônes peuvent s'évaluer à vingt mille livres au moins; il occupe sans cesse un nombre d'artisans et d'ouvriers de toutes espèces; sa destruction nous enlèverait toutes ces ressources et entraînerait infailliblement notre ruine. — Il est seul haut justicier à Remiremont; les frais qu'il y supporte pour l'administration de la justice et de la police sont considérables; néanmoins il n'y perçoit aucun droit féodal ou seigneurial. — Il en percevait un de vente sur certaines marchandises et de copel sur les grains, et longtemps avant les décrets qui suppriment ces sortes de droit, il a eu la généreuse pensée d'en faire remise et d'y renoncer (Délibération capitulaire du 6 août 1789). — Il est décimateur à Remiremont; la dîme lui rend six cents livres, et il paie les portions congrues du curé et de deux vicaires, qui se portent à quatorze cents livres, quoiqu'il puisse s'en affranchir, en abandonnant la dîme. — La ville a un hôpital considérable, parfaitement bâti et entretenu: c'est l'asile des pauvres malades, des vieillards, des orphelins, et c'est aux libéralités du Chapitre qu'elle doit cette fondation si intéressante pour l'humanité. — Tant de bienfaits méritent sans doute toute notre reconnaissance et tout notre attachement, et nous ne verrions qu'avec la douleur la plus amère, la destruction d'un corps que nous avons tant d'intérêt à conserver, puisque notre ville n'eût jamais existé sans lui et qu'elle ne peut se soutenir que par lui . . ."

[17]) Arch. d'Epinal.

[18]) Nous avons consulté aussi avec fruit un livre très-rare: Friry, Guide du baigneur et du touriste aux eaux de Plombières, à Remiremont et lieux voisins, IIe partie, Remiremont; dans lequel Guinot a puisé sans compter et surtout sans citer.

crétés par les conciles de Francfort et d'Aix-la-Chapelle. Il ajoute qu'elle se créa une constitution exceptionnelle, en harmonie avec ses droits politiques et ses traditions religieuses; que, gardant fidèlement les cendres des saints fondateurs, elle entoura leur sépulcre de pompes solennelles et que même, dans ses lois indécises, elle retraça l'image décolorée des cloîtres primitifs.

Le gouvernement du chapitre ou principauté-abbaye était monarchique et électif, comme nous l'avons déjà dit. Au sommet de la hiérarchie est Madame l'Abbesse: après l'élection capitulaire, le Souverain Pontife ou le Diocésain, délégué à cet effet, fulminait les bulles d'institution de la haute dignitaire, qui était ensuite intronisée. Pendant les trois jours qui suivaient l'élection, le peuple festoyait aux frais de la nouvelle abbesse, pour célébrer son joyeux avènement. D'après la Bulle de Boniface VIII[19]), l'élue devait avoir 30 ans; mais plus tard, en 1703, les chanoinesses postulèrent la princesse Gabrielle de Lorraine, fille de Léopold, âgée de 2 ans ½, et l'on avait déjà vu élire (1655) Elisabeth d'Alençon, à 2 ans, (1657) Marie-Anne-Judith de Lorraine, à 7 ans, (1651) la princesse Dorothée Rhingraff de Salm, à 9 ans. Pendant ces minorités, le chapitre était administré par une des dames dignitaires déléguée par les capitulantes. L'abbesse reçoit l'institution abbatiale par le voile et la consécration par l'onction au front et sur les mains. Elle a pour insignes la crosse d'or, qu'elle ne porte jamais personnellement: c'est la fonction de son sénéchal, officier séculier, ayant fait ses preuves de noblesse et nommé par elle; lorsqu'elle est au choeur, cette crosse est debout, à gauche et sur le devant de sa stalle; — l'aumusse que seule elle peut porter; — une bague de saphir, anneau d'institution, qui appartient après ses funérailles au chanoine semainier du maître-autel, tandis que la crosse est versée au Trésor et remplacée, lors de l'exposition du corps en chapelle ardente, par une crosse de cire à son côté, et que sa *dépouille* appartient moitié au chapitre, moitié à la future abbesse; — un chaperon de velours noir doublé d'hermine mouchetée. Dans les processions, on portait devant elle le voile de soie, couleur de pourpre, qu'on nomme Pallium. C'était un symbole antique: le fond en était brodé d'oiseaux d'or et d'argent, avec des grelots au col et une houppe sur la tête. Les Dames chanoinesses prétendaient l'avoir reçu du pape Saint Léon IX. A l'église, sa stalle, placée du côté de l'épître, était surmontée d'un dais en velours rouge avec franges d'or, tandis que la doyenne (2ᵉ dignitaire) n'avait que le dais en velours écarlate avec franges d'argent. Elle avait un train royal et une maison princière: Un aumônier, un clerc et une sacristine étaient chargés de sa chapelle; elle avait un sénéchal, un écuyer, une demoiselle, etc. Son habit de cérémonie était un grand manteau à queue traînante, de laine noire, avec collet d'hermine mouchetée, garni en outre des deux côtés, tout autour et au bas, en dedans et en dehors, d'une large bordure d'hermine, tandis que le manteau des dames chanoinesses n'avait que le collet et par devant une bordure d'hermine non mouchetée plus étroite. Elle avait six chevaux à son carosse, et était toujours accompagnée de plusieurs chanoinesses et suivie d'une escorte. Lorsqu'elle visitait ses domaines, elle avait dans ses équipages deux mulets et douze chevaux[20]). Elle siégeait à la Diète et aux assemblées politiques par mandataire et pouvait voter au chapitre par fondé de pouvoir[21]).

La puissance souveraine de Madame l'Abbesse comprit jusqu'au 15 juillet 1579 tous les droits régaliens dans les 52 bans de sa juridiction:

1° Le droit du glaive et de justice ordinaire au civil et au criminel. Au premier degré, les causes étaient instruites par les juges et officiers de l'ordinaire nommés par elle; les appels des sentences de ce tribunal de première instance se portaient au *buffet* (plaid) de la Dame Doyenne, et en dernier ressort à la chambre abbatiale qui était le buffet de Madame. Celle-ci tenait en personne chaque année, le jeudi après la Notre-Dame de décembre, un plaid solennel, auquel étaient convoqués et prêtaient serment les mayeurs (maires) des 52 bans ou seigneuries. L'abbesse et la doyenne se faisaient assister d'un avocat qu'elles nommaient leur conseil. Il n'y eut d'abord d'appel de ces jugements qu'à l'Empereur[22]). Les principaux officiers chargés de l'administration de la justice étaient le grand prévôt, le grand chancelier, le petit chancelier et le sonrier (maître des forêts); puis, lorsque la charge de grand prévôt fut confiée à des ecclésiastiques, on créa le Lieutenant-Saint-Pierre, pour suppléer le grand prévôt dans des fonctions incompatibles avec le caractère sacerdotal. Le jugement des crimes se faisait en assemblée publique, sur la place des prisons de la Crosse; il était prononcé à la pluralité des voix. Le condamné à mort était livré au prévôt d'Arches, qui faisait exécuter la sentence sur le ban de Moulin, au pont de l'Epinette, près de la Croix-des-larrons[23]). L'abbesse avait le droit de grâce, et, à côté de cela, elle exerçait jusqu'à la suppression du chapitre une bien belle prérogative, celle de délivrer à Pâques, aux Rogations et la veille de la saint Barthélemy, les prisonniers. Le maire, accompagné des jurés et officiers de justice, ouvrait sur son ordre les portes des prisons; les prisonniers venaient se mettre à genoux devant l'abbesse en sollicitant leur grâce et celle-ci les délivrait en ces termes: „En vertu des droits et privilèges que nous tenons de notre fondateur et de nos saints patrons, nous vous mettons en liberté et nous vous accordons grâce et merci, à condition que vous demanderez pardon à Dieu et à tous nos bons saints, dont les corps reposent dans notre église, et promettrez de ne plus retomber.“ Les prisonniers délivrés suivaient pieds-nus la procession et assistaient à genoux au milieu du choeur à tous les offices du jour à la collégiale[24]).

---

[19]) P. Hélyot, H. des O. R., VI, p. 401.

[20]) Cartulaire. — V. aussi Friry, Guide, II, p. 9. — V. plus loin le portrait d'Anne-Charlotte de Lorraine, abbesse.

[21]) Dom Calmet, N. de la L., II, 278 etc. L'abbesse usait autrefois de la formule: „Je . . ., par la grâce de Dieu, humble abbesse de l'Eglise de Saint-Pierre de Remiremont, de l'ordre de Saint Benoît, Diocèse de Toul, immédiatement soumise au Saint-Siége Apostolique . . .“ Les jugements et arrêts se rendaient *de par Madame*.

[22]) Les ducs de Lorraine portèrent atteinte à ces droits originaires; Léopold les modifia; au XVIIIᵉ siècle il y eut appel à la Cour souveraine de Lorraine, puis au Parlement de Paris.

[23]) Archives d'Epinal.

[24]) Archives d'Epinal. Cartulaires et Rituels de Remiremont.

2° Le droit d'ambassade à la cour du suzcrain, et plus tard du souverain, quand, après 1579, les Dames de Remiremont eurent en Lorraine les privilèges et exemptions des prélats de l'ancienne noblesse du duché, vis-à-vis des Ducs[25]), et l'abbesse exerçait ce droit par son chancelier d'Etat, seigneur justicier en quatre bans.

3° Le droit de battre monnaie. En 1366, l'acte abbatial d'octroi de libertés municipales à la ville de Remiremont fixe à seize le nombre des monnayeurs: chaque monnayeur doit tous les ans deux sous toulois au duc de Lorraine, quatre à l'abbesse, la veille de Noël, deux au prévôt, et vingt-six sous neuf deniers aux aumônières[26]).

4° Le droit de recruter des troupes et de tenir garnison. Le sénéchal était le chef militaire de la principauté, sous l'autorité de l'abbesse: il levait tous les vassaux en état de porter les armes, forçait les nobles et les francs à s'équiper et commandait le contingent abbatial en temps de guerre. Alors il recevait le mot du guet, de la princesse-abbesse, il avait le commandement de la bourgeoisie armée et exerçait la justice militaire[27]). Dans les revues et les marches, il était à cheval, suivi des arbalétriers ou des arquebusiers de la ville et de la sénéchaussée: il avait droit aux trophées et au butin. Il était de race noble et avait fait ses *preuves*[28]).

5° Le droit de patronat dans les 52 bans, où se trouvaient les cures des chefs-lieux et 63 autres paroisses. L'élection des titulaires avait lieu en chapitre, excepté pour Amance, Quingey, La Bresse, Vittenheim, Moyentheim, auxquelles l'abbesse nommait seule, et Remoncourt, Lénoncourt, Thiraucourt et Aroffe, auxquelles la secrète nommait, tandis que le chapitre nommait directement encore à trente chapelles de son église ainsi qu'aux hôpitaux d'Arches et de Marlou. Cela fait un total de 147 desservances dans les diocèses de Toul, de Besançon, de Bâle et de Châlons-sur-Saône, dont l'abbaye disposait, ce qui mettait son influence religieuse à la hauteur de sa puissance politique et territoriale[29]).

L'abbesse avait son sceau particulier (secret) aux armes de sa maison, et les actes souverains et capitulaires étaient scellés d'un autre sceau qui fut d'abord celui placé à gauche en tête de ce chapitre, plus anciennement peut être celui ci-dessous et sans doute ensuite celui que nous donnons ici d'après l'empreinte originale que nous possédons. En l'absence de toute date sur ce sceau, nous croyons cependant, d'après l'arrangement général et le style de l'ornementation, pouvoir l'attribuer au XVIIIe siècle, peut être même au principat d'Anne de Lorraine. La couronne est semblable à celle de son sceau personnel; la tiare marque l'immédiateté; la crosse est l'insigne abbatial usité et si l'on y voit en outre une mître abbatiale, cela ne rappelle-t-il pas cette circonstance qu'Anne-Charlotte fut abbesse de Mons et de Thorn, en même temps que de Remiremont? Le champ de gueules et les clefs en sautoir, conformes au dessin ancien des armes, mettent en tout cas hors de doute que c'est là le sceau du chapitre insigne, tout au moins encore muni des attributs de la souveraineté et maintenu encore dans son immédiateté religieuse.

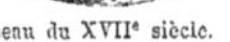

Sceau du XVIIe siècle.

Sceau du Chapitre de Remiremont XVIIIe siècle.

Armes simples de Remiremont.

Nous reproduisons au-dessous des sceaux capitulaires, à l'appui de notre argumentation, l'écu simple de Remiremont, d'après l'Armorial manuscrit de d'Hozier qui fait foi. On pourra comparer et apprécier[30]).

Il nous reste à dire que les élections des dignitaires du chapitre avaient lieu à haute voix et que l'abbesse n'était

[25]) Dom Calmet. Notice de la Lorraine, II, p. 278 et s.

[26]) Archives d'Epinal, Cartulaire de Remiremont. — Le privilège de Mantoue (Henry IV, 4 des kalendes d'octobre 1070) parle des mônnaies de *burgo Romaricensi*, et M. Guinot parle, p. 95, de monnaies de l'abbaye qu'il aurait vues et qui remonteraient à cette époque. La 1ère, dit-il, est de la fin du XIe siècle et montre au droit: Saint Pierre à genoux avec la légende SANCTVS PETRVS, au revers: ROMARIC. La 2e, est du commencement du XIIIe siècle et présente au droit: le buste de Saint Pierre tenant les clefs, et au revers une croix cantonnée de deux sceptres et de deux globules, avec la légende: ROMARIC. La 3e présente ces mots: S. PETRVS, entre deux grènetis; Saint Pierre à genoux, la tête nimbée, tenant devant lui les clefs; au revers, des caractères effacés entre deux grènetis, et dans le champ, une croix cantonnée de 4 globules. C'est un denier d'argent. Le 4e obole d'argent du poids de 48 cg. offre: S. PET . . entre deux grènetis; le revers comme ci-dessus, sinon que la croix est cantonnée de deux étoiles. — F. de Saulcy, Numismatique lorraine (Cabinet des Méd. de la M. I^e, II. 19 b), p. 244, affirme qu'il existe des deniers du poids de 648 milligrammes, sur le modèle de ceux du duc Mathieu Ier, frappés par les abbesses de Remiremont et d'Epinal. La monnaie de Remiremont porte au droit: † DUX GERARDVS, avec une croix cantonnée de quatre besans, et, au revers: SANCTUS PETRUS; dans le champ, un èdifice (V. Duhamel, Les Emp. et les Ducs de L., et l'ab. de Remiremont).

[27]) Friry, Recherches.

[28]) Il est question de gardes de l'abbesse dans les Mémoires de la chanoinesse, Comtesse Dash. Nous ne citons ce fait que pour mémoire.

[29]) Guinot, Et. h. sur l'A. de Remt, 146. „Par réserve apostolique, les cures vacantes dans les mois de janvier, février, avril, mai, juillet, août, octobre et novembre, étaient sujettes au concours.“

[30]) Arch. d'Epinal, Cartulaire de Remiremont — On y trouve au XIVe siècle un double dessin du sceau du Chapitre, qui ne diffère pas des originaux que nous reproduisons. Le premier représente un religieux bénédictin assis, tenant une crosse de la main gauche et de la droite un livre ouvert, avec cette légende: SANCTVS ROMARICVS; le second offre l'image de Saint Pierre et pour légende: ROMARICVS. PETRI. CONVENTVS. — V. plus loin.

en possession complète de sa dignité, qu'après avoir fait son entrée solennelle et avoir prêté serment à la Franche-Pierre, à l'Auditoire-sous-Saint-Jean et sur les reliques de Saint Romaric, de gouverner et de régner selon la justice, de respecter les droits du chapitre, et, plus tard, de respecter les franchises des bourgeois et les libertés municipales octroyées. Entourée d'une foule de seigneurs et de gentilshommes, elle s'avançait au milieu des acclamations et des vivats, au son de toutes les cloches, recevait les clefs de la ville et investissait les officiers municipaux et judiciaires. A sa mort, les cinquante-deux bans prenaient le deuil. Le cercueil parcourait les rues principales de la ville, à la lumière des torches armoriées; il était porté par les principaux officiers; les mains et le visage de la défunte étaient découverts; le corps restait exposé pendant quarante-huit heures dans ses habits de cérémonie, sur un lit de parade, et l'on sonnait trois fois par jour à l'église collégiale de Remiremont, pendant trois mois, et dans les autres églises de la domination, pendant vingt-quatre jours[31]).

Après la dignité d'abbesse, la plus haute dignité capitulaire était celle de la doyenne qui suppléait l'abbesse, et était plus particulièrement chargée de la surveillance intérieure et de la direction du chapitre. Elle jouissait de droits de justice assez étendus dans le territoire de l'abbaye, recueillait aux assemblées du chapitre les suffrages, prononçait et faisait exécuter les résolutions prises. Les doyennes firent même souvent une opposition opiniâtre à la puissance abbatiale.

La secrète (sacristine) avait le troisième rang: elle était chargée de l'entretien et de la décoration de l'église. La sonrière (cellerière) surveillait les biens, revenus et dépenses du chapitre. Les deux grandes aumonières complétaient le nombre des dignitaires: ce n'étaient point là des sinécures, car elles réglaient les nombreuses aumônes distribuées chaque jour, elles visitaient chaque semaine, en manteau de choeur, l'hôpital, et y priaient aussi dans l'église pour les morts qui en avaient été les bienfaiteurs. La dame boursière avait le maniement des fonds et la garde des clefs du trésor; il y avait aussi la petite secrète (dame hebdomadaire), la lettrière ou secrétaire, deux censières ou hostiaires, la maîtresse de fabrique, quatre dames chantres et du Deus. Dix chanoines desservaient la collégiale: le premier, avec le titre d'écolâtre, était chargé des écoles et de l'examen des preuves; le second, nommé le chanoine de Saint-Romaric, était curé de Remiremont. La manse abbatiale avait le quart des revenus et la jouissance de plusieurs terres et seigneuries; les trois autres quarts étaient répartis en neuf portions de prébendes destinées aux neuf compagnies principales (Remiremont, Bruyères, Mirecourt, Tantimont, Diarville, Oëlleville, Remoncourt, Vittel et Jorxey); ces neuf compagnies se subdivisaient en vingt-et-une autres, dont cinq avaient cinq prébendes, huit quatre prébendes, six trois prébendes, deux deux prébendes[32]): ceci nous amène à l'institution des dames nièces ou novices du chapitre féodal; reçues sur la présentation d'une dame prébendaire, dite dame-tante, et, présentées et admises par le chapitre assemblé, après avoir fait les preuves de noblesse statutaires, elles héritaient de la prébende désignée de leur dame-tante, après la mort ou la démission de celle-ci. La stalle était ainsi héréditaire en quelque sorte dans certaines familles. Le mode de partage de la manse en séries de prébendes, que nous avons indiqué et le droit de reversibilité entre les dames de chaque compagnie, combiné avec la latitude d'adopter autant de nièces qu'il y avait de prébendes vacantes dans la compagnie, donnèrent quelquefois à une seule dame prébendaire la disposition de toute sa portion de prébendes ou une grande influence dans le chapitre. Le cumul des prébendes, ni la possession en propre de seigneuries n'étaient interdits[33]).

Les chanoinesses n'étaient pas liées par le voeu de pauvreté, qu'elles ne prononçaient pas plus que les deux autres. Elles ne faisaient en effet aucun voeu, pouvaient abandonner le chapitre et même se marier: mais en quittant leur stalle, elles perdaient leur prébende[34]).

La cérémonie de l'apprébendement mérite quelques lignes. La nouvelle dame entrait dans le sanctuaire, portant sur ses cheveux une couronne de romarin enrichie de pierreries: l'abbesse lui présentait un petit cordon noir, dernier vestige du voile bénédictin, qu'on nommait le mary; sa plus proche parente étendait sur ses épaules le manteau de choeur. On lui offrait ensuite le pain et le vin. Puis elle prenait possession de la stalle qui lui était réservée. Les dames-nièces — quelque jeunes qu'elles fussent, elles portaient ce titre de dames — étaient élevées dans leur famille ou auprès de leur dame-tante, et prenaient de bonne heure l'habitude des pratiques religieuses et de la charité: ce qui ne les empêchait pas de s'initier, à l'abbatiale, aux usages de la haute société, et de faire ensuite l'ornement des cours, lorsqu'elles se mariaient ou passaient dans le monde leurs absences de l'abbaye.

Nous parlerons plus loin de l'institution par Louis XV de la croix de chanoinesse, qui donna un nouveau lustre à l'insigne abbaye, et nous en reproduirons l'exacte copie.

On comprendra facilement que les filles de l'aristocratie se pressaient aux portes de cette abbaye, dont les chanoinesses étaient de noblesse si haute et si intacte, dont les privilèges étaient si beaux, les habits si somptueux, la règle si peu sévère. La rigidité dans l'admission des preuves était loin de décourager les nobles aspirantes. Les nécrologes sont les véritables livres d'or du patriciat du nom et de la naissance. Il pouvait y entrer jusqu'à soixante-dix neuf dames prébendaires et les historiens s'accordent à constater qu'il y eut toujours au choeur

---

31) Arch. d'Epinal, Cartulaire Vuillemin.

32) Dom Calmet diffère sur ce point avec Guinot. V. Ch. de la L., l. c.

33) Nous en trouvons là preuve dans le testament d'une chanoinesse de Remiremont, Madame Henriette de Pouilly, passé le 23 janvier 1734, par devant Morel, notaire à Remiremont (Arch. de la Marne, série C. 3. 543, f. 25. Lettres de reprises des héritiers, Srs de Pouilly, pour les terres de Lançon et de Bénarville).

34) V. plus loin ce que nous disons des abbesses, au point de vue des voeux.

de la collégiale au moins quarante chanoinesses officiantes, ce qui y donnait aux cérémonies du culte un éclat sans pareil. Dom Calmet a pu dire dans son *Histoire de Lorraine*, que les Dames de Remiremont faisaient l'office divin avec beaucoup d'exactitude et de majesté, et ce témoignage du savant bénédictin est irrécusable[35]. Il est bien certain que les visiteurs apostoliques nommés par Paul V rapportèrent la sécularisation à l'année 1290; que Benoît XIII (l'anti-pape d'Avignon) consacra cette transformation par la bulle (Cum itaque, sicut...), datée d'Avignon, le 4 septembre 1403[36]; que Martin V, par la bulle (Etsi ex susceptae servitutis...), datée de Constance, le 27 avril 1418, approuva le système des prébendes à l'abbaye immédiate, introduit depuis 1324[37]; que le titre de collégiale fut adopté pour l'Eglise de Remiremont (et celle d'Epinal) par les chanoinesses, vers 1466[38]; que la vie séculière fut surtout une conséquence de la dispersion du chapitre par la terrible peste de 1468 et que les Dames ne cessèrent de porter le nom de religieuses du Couvent ou du Monastère de Remiremont que vers l'an 1508[39]; que, depuis 1655, à l'élection de chaque nouveau pape, les chanoinesses lui adressaient comme tribut de leur obéissance leurs humbles félicitations et que les souverains pontifes leur répondaient[40]; que Clément XIII, dans son bref en date de 1758, fait un éloge du chapitre qui rappelle les paroles du visiteur apostolique, cardinal de Rohan, que nous avons citées. „Il nous est très-agréable, dit Clément XIII, de remarquer par votre lettre, que vous ne vous glorifiez point dans la noblesse de vos illustres ancêtres, mais que vous aimez à placer votre honneur dans les vertus que la religion inspire et qui sont les vrais et solides titres de gloire"[41].

Les archives nous montrent que les princes, les rois et les empereurs traitaient avec un effectueux respect Madame et Mesdames de Remiremont[42]: Louis XIV les nomme *Mes Très-chères et bien aimées Dames* (Paris, 10 mars 1648); le duc Charles IV signe *votre très-affectionné ami* (Bruxelles, 12 mars 1648); le duc Léopold écrit *vénérables, chères et aimées* (Nancy, 18 nov 1716); les cardinaux et princes du sang, *Madame et Mesdames;* Louis XVI, *mes chères et bien-aimées* (Versailles, 4 juin 1786). Nous nous bornons à ces exemples; on a vu les empereurs dénommer l'abbesse *notre chère princesse vénérable ou Madame,* dans les diplômes et lettres patentes.

Louis XV, désirant sans doute rattacher d'une manière plus étroite à la France le chapitre insigne, comme il l'avait fait déjà pour d'autres compagnies religieuses de l'ancienne Lorraine, donna aux chanoinesses une *décoration de chevalerie*, destinée à marquer à la fois par sa forme et ses légendes, la haute et ancienne origine de l'abbaye de Saint-Pierre de Remiremont et sa propre générosité. Nous avons retrouvé le modèle de cette décoration capitulaire et nous en donnons ici le dessin et la description après le décret d'institution[43].

„Sa Majesté voulant à l'exemple de son bisaïeul, donner au chapitre de l'insigne église collégiale et séculière de Remiremont, immédiatement sujette au Saint-Siége, un témoignage significatif de sa bienveillance, Elle a jugé qu'il n'en étoit point de plus digne de sa munificence, de son estime pour la princesse Marie-Christine de Saxe[44], abbesse actuelle, et du rang que le Chapitre tient entre les établissements affectés à l'ancienne noblesse de nom et d'armes, qu'une décoration qui rappelle sans cesse aux yeux de la nation et à la postérité, que les dames à qui Sa Majesté l'a destinée ne sont pas moins héritières des sentiments que du nom d'ancêtres recommandables à l'Etat par leurs actions et leurs dévouements; en conséquence, Sa Majesté a ordonné et réglé qu'à l'avenir et à perpétuité les dames qui composeront le chapitre de Saint-Pierre de Remiremont, sans différence entre les dames de prébende et les dames nièces, porteront en écharpe de la droite à la gauche un large cordon bleu, liseré de rouge, auquel sera attachée une *médaille en forme de croix de chevalerie,* représentant d'un côté Saint Romaric, fondateur de ladite église et marquant de l'autre l'année 620, époque de la fondation; règle en outre Sa Majesté que les dames dignitaires seront en particulier distinguées par une marque en broderie qu'elles porteront au côté gauche; veut et entend qu'au cas qu'une des dames vienne à mourir ou qu'elle quitte le chapitre pour se marier ou autrement, sa croix ou médaille soit déposée au trésor de ladite église, pour être remise à la dame qui lui succédera." Ces lettres-patentes sont datées du 25 mars 1774.

Cette décoration, telle que nous la reproduisons plus bas, d'après l'original qui a appartenu à Madame la princesse Louise-Adélaïde de Bourbon-Condé, dernière abbesse, se compose d'un médaillon portant une croix de chevalerie à huit pointes: chacune des quatre branches est en or et bordée d'émail blanc, et entre les branches il y a quatre fleurs de lis d'or; au centre de la croix se trouve un médaillon ovale, représentant à l'avers Saint Romaric, la couronne en tête et aux épaules un manteau en émail bleu, garni d'hermine. Il tient dans la main droite un sceptre et porte sur la main gauche une petite église avec un clocher, symbole de l'abbaye de Remiremont. Au revers, se trouvent dans ce médaillon deux L entrelacés, formant le chiffre de Louis XV, d'or, sur champ d'azur émaillé. La croix, plus haute que large, est entourée d'un cercle en émail bleu serti d'or, avec inscription en relief. L'encadrement offre une double légende: 1° au droit, ⁕ SANCTUS ⁕ ROMARICUS ⁕ FUNDAVIT ⁕ ANNO 620; 2° au revers ⁕ LUDOVICUS ⁕ XV. REX. ⁕ GAL. INSTI ⁕ ANNO. 1774, c'est-à-dire „Ludovicus XV, rex Galliae, instituit, anno 1774".

Les chanoinesses portaient cet insigne, non seulement

---

35) Dom Calmet, H. de L., 1re édition, III, p. clxxxvij.

36) Arch. d'Epinal, Cartul. Vuillemin.

37) Guinot, p. 147. — Arch. d'Epinal.

38) Hélyot, VI, p. 410.

39) Ibidem. — Arch. d'Epinal, Cartul. de Remiremont, Rapport des commissaires apostoliques du 18 novembre 1613.

40) Arch. d'Epinal, formulaires. — Annales manuscrites de l'abbé Renault.

41) Ibidem.

42) Arch. d'Epinal.

43) Arch. d'Epinal, Journal manuscrit, cité par Guinot et par Digot.

44) Christine de Saxe était fille d'Auguste II, électeur de Saxe et roi de Pologne; sa soeur avait épousé le dauphin, fils de Louis XV.

en habit de choeur, mais surtout en habit de ville, dans le monde et à la cour même du roi de France, et, quoi que l'on en ait dit, il servait à inspirer le respect pour leur haute qualité et leur caractère semi-religieux; il leur valait le titre de Dame et de Comtesse, et leur fut souvent un palladium, au milieu d'une cour corrompue jusqu'aux moëlles, sous Louis-le-bien-aimé, ou une haute recommandation auprès du pieux successeur de ce roi et auprès de l'auguste fille de François III et de Marie-Thérèse, Marie-Antoinette de Lorraine, son épouse.

Croix de Chanoinesse de Remiremont. Avers [45]).

Croix de Chanoinesse de Remiremont. Revers.

Les Abbesses de Remiremont, depuis l'époque de la fondation du monastère, ont été énumérées par Dom Calmet, H. de L., et cette liste a été corrigée et complétée par Guinot et autres: nous adoptons la liste des auteurs modernes, en marquant d'un astérisque les abbesses déjà mentionnées par le chroniqueur du XVIIe siècle. C'est surtout de la période féodale et capitulaire (1290 à 1790) que nous retracerons les annales.

Période hagiographique.

*I. Sainte Mactefelde. 620 [46]).

II. Sainte Claire (*Sainte Cécile). 622.

*III. Sainte Gébertrude. 652.

*IV. Sainte Perpétue, vers 665.

Après ces quatre titulaires de la période hagiographique, on trouve dans les nécrologes [47]):

Période bénédictine.

V. Hadwige, † 673.

VI. Béatrix, † 714, 16 mars.

VII. Cunégonde, † 726, 2 mai.

VIII. Cécile, † 771, 24 mars.

IX. Euphémie, † 791, 16 octobre.

X. Félicité, † 801, 27 juin.

XI. Mathilde I, † 812, 19 mars [48]).

XII. Thiathilde ou Dieuthilde, 840.

Lothaire, fils de Louis-le-Débonnaire, reconnut solennellement en 839, à Remiremont, les droits de l'abbaye [49]).

XIII. Ivate, vers 860.

Lothaire, premier roi de Lorraine, vint à Remiremont en 864. Après sa mort, Valdrade, sa concubine, prit le voile au Saint-Mont.

XIV. Gisèle I, † 885, 21 février; elle gouverna l'abbaye pendant près de 50 ans.

Au partage de 870, entre Louis, empereur d'Allemagne, et Charles-le-Chauve, roi de France, Louis retint dans son lot l'abbaye de Remiremont [50]). Les religieuses transférèrent leur monastère dans la plaine, du côté de la Moselle opposé à l'Habend ou Saint-Mont, dans la seconde moitié du IXe siècle [51]). Ici se place l'invasion des Huns avec tous ses désastres [52]).

XV. Mathilde II, † 907, 19 avril.

*XVI. Gisèle II, † 942, 18 juin.

XVII. Mathilde III, † 975, 31 octobre.

*XVIII. Henriette de Vienne, † 1005.

Son nom se trouve dans un titre de 1001.

*XIX. Henriette de Lorraine, fille de Gérard, comte de Metz, et d'Eve de Luxembourg, † 1040. Elle passa, en 1038, une transaction avec Gérard d'Alsace, son cousin [53]).

[45]) Cette croix a été dessinée d'après le modèle original. Un modèle semblable se trouve aussi à la Bibliothèque publique de Remiremont.

[46]) Les 4 premières abbesses sont aussi, d'après Mabillon, Mactefelde, Claire, Gébertrude et Perpétue.

[47]) Arch. d'Epinal.

[48]) L'humilité des prénoms chrétiens cachait les noms illustres des familles, comme dans les ordres de chevalerie, à leur origine. Dom Calmet parle d'Euphémie comme ayant été à la fois abbesse de Remiremont et de Saint-Pierre de Metz. — C'est sous l'abbatiat de Mechtilde que Charlemagne donna à Remiremont la statue de la *Vierge du Trésor*, profanée en 1791, sauvée en 1795 et rendue à la vénération publique le 27 mars 1808, et qu'il fit de son château de Remiremont le rendez-vous des chasses impériales (Arch. d'Epinal. Vuillemain, Inv. de l'archive).

[49]) Guinot, p. 79.

[50]) Capitulaires des rois de France, année 870.

[51]) Archives d'Epinal. — Bibliothèque publique de Nancy, ms. Dom Charles George, bénédictin, H. mon. de l'abb. de Rem.

[52]) Vers l'an 925, selon Dom Ch. George. — »L'invasion des Barbares obligea les Dames à descendre de la montagne pour venir se refugier à Remiremont, où elles se fixèrent depuis lors. En cette circonstance critique, ne voulant néanmoins rien retrancher de leurs obligations journalières, elles se rendirent à l'église du lieu. L'indicible émotion dont elles se trouvaient alors saisies, et le besoin de rendre grâces à Dieu qui les avait délivrées du plus grand péril, ces deux causes réunies donnèrent lieu à fonder, en mémoire de cet événement, à perpétuité, une messe matinale que les Dames chantaient à voix basse, comme en tremblant, et que pour cette raison on appelait la *messe piteuse*. Ce pieux usage avait traversé bien des siècles, puisqu'il se conservait encore de mon temps.« Un gonflement rapide des eaux de la Moselle avait sauvé les saintes femmes. Cette messe se célébrait le 13 août. (Friry et Guinot, l. c.)

[53]) Benoît Picard, Supplément de Lorr., p. 18.

XX. Oda de Luxembourg, fille de Frédéric de Luxembourg et de Berthe de Gueldres, † 1070, 7 février. Elle fut consacrée de bonne heure à Dieu dans l'église de Remiremont et y vécut de longs jours[54]). L'Austrasie respire et se relève; l'esprit religieux s'y ranime: Saint Gauzlin et Saint Léon fondent Bouxières, Poussay et Bleurville, sur le modèle du monastère de Saint Romaric. A Bleurville devaient être abbesses des religieuses de cette dernière abbaye. Saint Léon[55]), devenu pape, se souvint de son ancien diocèse de Toul: venu en Lorraine, il alla consacrer l'autel de l'église édifiée sous le vocable de Saint-Pierre par l'empereur Louis III, après l'irruption des Huns. Gérard d'Alsace, premier duc héréditaire de Lorraine, assistait à cette solennité. Le 13 novembre 1051, Amé, Romaric, Adolphe et Gébertrude furent canonisés, et leurs corps placés sur l'autel[56]). C'est alors que Gérard d'Alsace devint le voué (protecteur des droits et des intérêts temporels) de Remiremont: l'abbaye trouva en lui un défenseur intègre.

L'église, endommagée par le feu, fut réparée par lui et l'empereur Henri IV. Gérard bâtit au confluent de la Moselle et de la Vologne, un château qui devint le boulevard du monastère contre les routiers; il mourut à Remiremont, en 1070, et fut inhumé dans l'église souterraine[57]).

XXI. Gisèle III, † 1113, 3 décembre. Elle sut défendre les droits spirituels et temporels de son abbaye: ceux-ci, en soumettant le monastère à l'autorité immédiate de l'empire[58]); ceux-là, en le faisant exempter de la juridiction des évêques de Toul[59]); s'appuyant sur les lettres-patentes du Saint-Empire et du Saint-Siége, elle lutta victorieusement contre toute atteinte à l'immédiateté temporelle et spirituelle. Les voués n'étaient pas tous des Gérard d'Alsace; Ferri III, duc de Lorraine, imagina et ses successeurs après lui, de faire acte de foi et hommage envers l'empire pour *la Comté de Remiremont*, tandis qu'ils n'étaient que les voués de l'abbaye; c'est alors que commença la lutte contre les voués, qui devait aboutir à la soumission de l'abbaye à la suzeraineté de la couronne de Lorraine, devenue indépendante de la couronne impériale et se substituant à celle-ci, peu à peu, malgré les serments de féauté souvent répétés[60]).

L'empereur Henri V donna, à Madame, à Worms, le 25 janvier 1113, le diplôme (Notum esse volumus . . .), rappelant la fondation et les premières dotations du monastère, et ordonnant la restitution des biens enlevés à l'abbaye[61]).

*XXII. Judith ou Ivode de Lorraine, fille du duc Thierri Ier, et soeur de Simon Ier et de Mathieu Ier, † 1170, 21 mars. Elle défendit énergiquement les droits de sa crosse contre son père et ses frères. Calixte II[62]), par la bulle (Pervenit ad aures nostras . . .), datée de Latran, le 29 mars 1123, confirma la charte de l'empereur Henri IV, et par deux autres brefs défendit à Judith de céder à vie aux grands des biens du monastère[63]). Innocent II, par le bref (Accepimus filium nostrum . . .), daté d'Autun, le 18 janvier 1131, renouvelle la même défense; puis, par la bulle (Quemadmodum vestra novit fraternitas . . .), datée de Latran, le 17 décembre suivant, met en interdit les états de Simon et excommunie ce prince[64]). Le pape y rappelle que l'église de Remiremont est sous la protection spéciale et immédiate du Saint-Siége, cite les faits d'oppression du duc Simon et ses rapines sur les terres de l'abbaye, et enjoint aux évêques de Toul et de Metz de veiller à l'exécution de son décret. Cet acte d'énergie rendit pour quelque temps la paix à l'abbaye. Mathieu Ier, ayant succédé à Simon en 1139, compta sur l'appui de son beau-frère Frédéric Barberousse, et revendiqua le droit de souveraineté sur Remiremont; mais Conrad III, roi des Romains, prit la défense de l'abbaye, et, par la charte (Dei ecclesiis protectionis suae..), donnée à Strasbourg, en 1142, il confirma les priviléges de Mantoue et de Worms; puis, l'année suivante, il ratifia l'accord intervenu à Metz entre l'abbesse Judith et le duc Mathieu Ier[65]). Lucius II, témoin à cette convention, en qualité de légat apostolique, la confirma par la bulle (Quoties in quibusdam. . . .), datée de Latran, le 22 mars

---

54) Dom Calmet, II, p. 276.

55) St. Léon (Brunon) fut le fils et le dernier descendant de Hugues, comte d'Egensheim, dont le père, Hugues, comte d'Alsace, est à la fois la souche des maisons de Lorraine, par Eberard, comte d'Alsace; d'Egensheim, par Hugues d'Egensheim; de Habsbourg par Gontram de Habsbourg. Il était par sa tante Adélaïde, fille d'Eberard et mère de l'Empereur Conrad-le-Salique, cousin de cet empereur. (Suite des portraits des ducs et duchesses de la maison royale de Lorraine, par dom Calmet, Florence MDCCLXII, in folio. — Médaillier de Lorraine, au Cabinet des Médailles de la Maison Impériale (Vienne, et Bibliothèque ibidem n° 1051). — Duhamel, Le pape Léon IX et les M. de L., Epinal.

56) Lanfr. Epist. Cant. Archiep., Epist. 13. — Bolland. ad 19 april T. II, Col. 606. — Duhamel, l. c., ajoute que l'existence des bulles de Saint Léon, en faveur du monastère, disparues au Moyen-Age, est établie par une bulle d'Urbain II, donnée vers 1088. On y lit entre autres: „Auditis igitur privilegiis praefati monasterii quae beatus Leo papa et vestrae civitatis episcopus, auctoritate Romanae ecclesiae confirmaverat, Romaricense monasterium ad apostolicae sedis jus proprium solummodo pertinere cognovimus.“

57) Digot, H. de L. I. — Duhamel, R. des D. de L. etc. av. l'Ab. de R., p. 221.

58) Le diplôme de Henry IV, qu'elle obtint personnellement à Mantoue, le 28 septembre 1070, reconnaît et confirme tous ses droits. Cette grande charte fut et demeura la base de l'indépendance politique de l'abbaye; elle règle les conditions du tribut dû à l'empire, en échange de la garantie et défense de la liberté du monastère, ainsi que de son immédiateté (Guinot, p. 404 et s.).

59) Urbain IV déclara par la bulle (Monasterium vestrum...), en date de Rome, près de Saint-Pierre, le iiij des Calendes de mai 1088, que l'abbaye était immédiate du Saint-Siége, et, par une autre bulle (Pro querela quam...), de même date, enjoignit à l'évêque de respecter la liberté du monastère (Guinot, p. 395 et s.). Pascal II, par une bulle de l'an 1100, confirma de nouveau l'immédiateté, en rappelant le tribut du cheval blanc. Guinot, p. 396. — Orig. Cartul. Vuillemin, Archives d'Epinal, 1, p. 9).

60) La reconnaissance de la „souveraineté, libre, franche et nullement comprise et enclavée ès circuits d'aucune autre“ de la Lorraine elle-même date du Traité de Nuremberg, de 1542.

61) Guinot, p. 406 et 639. — Duhamel, l. c. p. 223. — Orig. Cartul. Vuillemin, I, p. 144. Arch. d'Epinal.

62) Guinot, p. 397 et s. — Arch. d'Epinal. Dom Martaine. — Cartul. de Rem. G. T. I.

63) Guinot, p. 399.

64) Guinot. p. 398. — Arch. d'Epinal, Cartul. de Remiremont, I, p. 16.

65) Comp. Duhamel, l. c., p. 257 et s.: Diplômes de 1141 et 1142, d'après Orig., Arch. d'Epinal, Cartul. Vuillemin, I, p. 146 et 149, et Guinot, l. c., p. 407.

1143, et renouvela tous les privilèges de l'immédiateté concédés à l'abbaye[66]). A la mort de Lucius II, Mathieu Ier viola de nouveau la paix jurée. Eugène III dut remettre en interdit le duché de Lorraine et même ordonner l'exécution de la sentence par les évêques de Metz, de Toul, de Verdun, de Bâle et de Strasbourg[67]). Mathieu tint tête, mais l'empereur Conrad III intervint et régla, en 1153, les droits du duc de Lorraine, de manière à sauvegarder les possessions de l'église de Remiremont. L'incendie de l'église conventuelle, vers le milieu du XIIe siècle, donna lieu à Eugène III de constater la sécularisation progressive de l'abbaye, dans une bulle du 17 mars 1151[68]).

Remiremont voyait croître sa puissance et son caractère monastique diminuer à mesure. Judith fut une vaillante abbesse; d'autres filles de Lorraine marchèrent plus tard sur ses traces[69]).

*XXIII. Mathilde de Bourgogne[70]), † 1189, 5 mars. Simon II suivit les errements de ses prédécesseurs, mais une sentence d'excommunication de l'archevêque de Trèves l'amena à récipiscence: Simon II prêta le serment solennel de respecter à l'avenir les droits de l'abbaye. La convention fut confirmée par Frédéric Barberousse, à la date du 21 juin 1181[71]); ce n'était-là que le renouvellement d'un acte de justice du même empereur, daté de Besançon, le 13 septembre 1178, en faveur de l'abbaye, contre Reynier de Bourbonne qui s'était emparé de Martinvelle, en vertu de son droit d'advocatie de ce village[72]). Le dernier titre que l'on ait de cette abbesse est une transaction de 1185 avec le chapitre de Liverdun[73]).

*XXIV. Clémence de Lunéville, fille de Folmar de Lunéville, fondateur de Beaupré, † 1211, 3 avril. Sous son gouvernement, la lutte continue et Célestin III attribue juridiction exclusive de tous litiges à l'archevêque de Trèves, par bulle du 27 décembre 1191[74]). Eudes de Vaudémont, évêque de Toul, confirme le traité du 21 juin 1181, de même que l'archevêque de Trèves avait, en 1194, mis à néant les prétentions du duc[75]). En 1204, l'archevêque de Reims, légat apostolique, ratifie ce même traité, et, en 1204, Philippe, roi des Romains, confirme la charte de Frédéric Barberousse[76]). Clémence eut ainsi la paix, pendant les sept dernières années de son abbatiat.

*XXV. Marguerite de Savoie, † 1231. Le 5 mai 1216, Innocent III est obligé de fulminer une bulle très énergique, pour réprimer de nouvelles violences de Thiébaut Ier et de seigneurs bourguignons. En 1219, le différend avec le duc de Lorraine est pacifié, par une nouvelle transaction sanctionnée par Thierri, archevêque de Trèves, et par Gérard de Vaudémont, évêque de Toul[77]). Sous Mathieu II, nouvelles difficultés: les papes protégent efficacement l'abbaye, et les archives contenaient six lettres du duc, attestant les restitutions faites par lui au monastère[78]).

*XXVI. Agathe de Lorraine, fille de Ferri Ier et petite-fille de Miceslas III, roi de Pologne, † 1242, 12 juillet[79]). C'est en 1259 que le Duc de Lorraine se fait donner pour la première fois l'investiture féodale, en qualité de Comte de Remiremont: „Ego dictus dux Lotharingiae et *comes Romaricensis* sic recipio et recognosco omnia et singula... Actum Tolati, pridie idus martii.... anno 1258..." Alphonse IX, roi de Castille, roi élu des Romains, lui conféra l'investiture de ce fief, par le troisième étendard, de gueules aux deux clefs en sautoir. Cet acte ne lui conférait cependant pas de droits supérieurs à ceux qui lui provenaient de la qualité de voué.

*XXVII. Agnès de Salm, † 1280, 15 janvier. C'est sous son gouvernement que la manse abbatiae fut séparée de la manse conventuelle et que l'habitation de l'abbesse fut séparée du cloître[80]). Le paix avec Ferri III dura jusqu'en 1624, puis ce prince essaya inutilement de porter atteinte aux droits de l'abbaye. Le nécrologe dit qu'Agnès fut douce, humble et charitable. Elle fonda la chapelle Saint-André, pour la sépulture des abbesses et y fut inhumée la première. Cette chapelle s'appela dans la suite chapelle Saint-Charles et servit d'oratoire aux abbesses[81]). Depuis un siècle, les termes *Chapitre* et *Chanoinesses* se substituent aux termes monastiques.

*XXVIII. Anne de Seraucourt, abbesse de Siconie, au diocèse de Coutances, fille d'Albert de Seraucourt et d'Islandé de Choiseul, élue irrégulièrement, ne fut pas confirmée à Rome, † 1287.

*XXIX. Félicité de Laure ou de Lorette[82]), nièce d'apprébendement d'Agnès de Salm, s'appelait sans doute Félicité de Dombasle[83]). Elle était de la maison de Paroye et de Dombasle[84]). Elle mourut en 1294.

---

66) Arch. d'Epinal, Cartul. Vuillemin, I, p. 21, d'après l'original.

67) Arch. d'Epinal, Recherches sur l'archive de Rem. — Cartul. Vuillemin, I, p. 26, d'après l'original.

68) Arch. d'Epinal, Cartul. Vuillemin, I, p. 25, d'après l'original. — Guinot, p. 401. — Friry, Recherches sur l'archive de Rem.

69) Dom Calmet pense qu'elle fut aussi abbesse de Saint-Pierre de Metz.

70) Elle fut en même temps abbesse de Bouxières.

71) Guinot, p. 409.

72) Arch. d'Epinal, Cartul. Vuillemin, I, p. 151, d'après l'original.

73) Gallia Christiana, XIII.

74) Arch. d'Epinal, Cartul. Vuillemin, I, p. 30, d'après l'original. — Guinot, p. 401.

75) Ibid. I, p. 225, d'après l'original. — Guinot, p. 416.

76) Arch. d'Epinal, Cartul. Vuillemin, I, p. 153, d'après l'original.

77) Guinot, p. 120—121.

78) Arch. d'Epinal, Dom Edmond Martène, Rapport sur l'Archive.

79) Elle fut en même temps abbesse de Bouxières.

80) Archives, Dom Ch. George, H. mon. — Mabillon, Observ. sur l'Inst. — Ducange, Gloss.

81) Arch. d'Epinal.

82) Dans plusieurs anciens manuscrits, elle est nommée: *Felicitas dicta Loretta*, ainsi que dans le diplôme de l'empereur Rodolphe, du 30 juillet 1290.

83) Guinot, p. 126.

84) Guinot, p. 129. Le sceau de cette abbesse, retrouvé dans le cartulaire, au bas d'une transaction passée avec Guillaume, évêque de Châlons, la représente en pied, tenant sa crosse de la main droite et un écrit fermé de la main gauche. La légende est: S. Felicitatis de Lorette de Domballus abbat. Romar. Le contre-scel est un écusson chargé de deux saumons adossés, et d'une crosse.

Période féodale et capitulaire.

C'est sous cette abbesse que le monastère s'affranchit des derniers liens qui le rattachaient encore à l'ordre de Saint-Benoît. Par le diplôme d'Erfurt, du 30 juillet 1290[85]), Félicité fut admise au nombre des princes du Saint-Empire et reçut les droits régaliens, en même temps que siége et rang à la Diète entre les princes ecclésiastiques. Cette collation d'une haute dignité, qui faisait l'abbesse de Remiremont l'égale des plus puissants princes-évêques, fut concédée à charge de verser au trésor impérial la somme de soixante-cinq marcs, à la réception des régales, et, comme les vassaux de l'abbaye eurent à payer ces droits caméraux et firent des résistances, il fallut un mandat impérial, que rendit Rodolphe, daté d'Erfurt, le 28 juillet 1290 (Ad universitatis vestrae notitiam...), pour obliger les habitants de Remiremont à l'obéissance[86]). L'immédiateté féodale était consacrée; c'était une garantie temporaire contre les voués ducs de Lorraine, faisant des entreprises incessantes sur le temporel de l'abbaye. La dignité princière donnait en même temps à l'institut monastique, déjà à peu près sécularisé, un caractère nettement féodal et politique. Les preuves de noblesse devinrent dès lors, plus encore que par le passé, la condition *sine qua non* d'admission aux stalles capitulaires, qui n'appartinrent qu'aux maisons de la chevalerie, de même que la pourpre, l'hermine, la crosse, le glaive et la couronne, insignes héraldiques de la princesse-abbesse, ne furent plus que l'apanage des plus illustres familles.

*XXX. Clémence d'Oyselet[87]), fille de Guillaume d'Oyselet et de Marguerite de Vienne, † 1326, 15 octobre, ne fut élue qu'après dix années de vacance du siége, et, pendant cette vacance, ce fut la doyenne qui gouverna le chapitre. Ferri III avait recommencé les hostilités, envahi les terres de la manse abbatiale et accaparé une partie des revenus des prébendes. L'excommunication le soumit et il signa avec la doyenne, en 1295, le concordat dit *l'Echappe-Noise,* revêtu du sceau de l'autorité religieuse, au nom du Saint-Siége, par l'archevêque de Besançon et l'évêque de Toul[88]). Ferri III y avoue ses torts, en promet la réparation et reconnaît l'indépendance de Remiremont. L'église capitulaire fut reconstruite et les quatre autels en furent consacrés en 1299. Cette église existe encore aujourd'hui: on remarque les proportions de ses trois nefs, la grâce et l'élancement des colonnes et des ogives. Elle renferme des chapelles souterraines[89]). Lors de la reprise des hostilités, malgré l'Echappe-Noise, par Thiébaut, successeur de Ferri III, en 1303, Boniface VIII prit par bulle datée d'Anagnie la défense de l'abbaye, et l'empereur Albert Ier donna une nouvelle sanction à son indépendance, par le diplôme (Querelam gravem ...), daté de Vorms, le 9 juin 1304, dans lequel il constate que les ducs de Lorraine ne sont que les avoués du monastère pour le Saint-Siége et le Saint-Empire, qu'ils abusent de cette situation pour troubler et molester celui-ci, et renouvelle les priviléges de Henri IV, Conrad II, Frédéric Barberousse et Rodolphe, en conférant les régales à Clémence d'Oyselet[90]). Ce fut l'époque où l'abbaye parvint à l'apogée de sa puissance; époque signalée par la prestation des serments de féauté prêtés en 1312, par Ferri IV, duc de Lorraine, en qualité de voué (Wardain[91]) de Remiremont, et en exécution d'une clause de l'Echappe-Noise, cérémonie à laquelle plusieurs de ses successeurs au trône de Gérard d'Alsace se soumirent[92]); ainsi que par l'octroi de libertés municipales. On a le testament de l'abbesse Clémence d'Oyselet: il commence comme celui d'Agnès de Salm, par cette formule que le chapitre adopta dans la suite: „*Rien de plus certain que la mort, rien de plus incertain que son heure*[93])".

[85]) V. plus haut, note 12. — Le diplôme de Rodolphe a d'autant moins lieu de nous étonner, que le cartulaire mentionne, à la date de 1284, le mariage à Remiremont de Rodolphe de Habsbourg avec Elisabeth, fille du comte de Bourgogne. — V. aussi Friry, l. c. p. 50.

[86]) Guinot, p. 411.

[87]) Dom Calmet a publié le dessin du bas-relief, qu'on voyait au-dessus de la porte septentrionale de l'église de Remiremont, commencée en 1284, et représentant la princesse-abbesse, Clémence d'Oyselet, tenant une crosse armoriée et recevant du pape une bulle et de l'empereur un sceptre. C'était un témion de la double immédiateté religieuse et féodale.

[88]) Arch. d'Epinal, Cartul. Vuillemin.

[89]) Guinot, p. 132.

[90]) Guinot, p. 411 et 132.

[91]) Friry, l. c. — V. ibidem, la formule du serment.

[92]) Arch. d'Epinal, Dom Ed. Martène. — Cartul. (Forma juramenti ducis Lotharingiae, 1492). Le P. Helyot, après avoir noté que les ducs étaient tenus d'aller tous les ans à Remiremont, pour y porter en la procession solennelle du jour de la fête de la division (dispersion) des Apôtres (19 juillet), les corps saints de l'église de Remiremont, cite un acte de ce genre, de Charles II, duc de Lorraine, passé en 1392 devant deux notaires impériaux de la Cour de Toul, portant que „Le 5 novembre environ une heure de Tierce en la ville de Remiremont, arriva M. Charles Duc de Lorraine avec très noble Chevalerie et compagnie de Chevaliers et Ecuïers, et qu'au lieu dit *la Franche pierre* (à l'entrée de la ville) trouva Nobles et Religieuses Dames, Madame Jeanne d'Aigremont abbesse, Cunégonde d'Oricourt Doyenne, Jeanne de Choiseul Sourrière, Isabelle de Rouci aumôniere, Blanche de Mostant petite aumôniere, Agnès de Mont, censiere, Catherine de Blâmont, Jeanne de Conserol, Isabelle de Chanvirey, et Beatrix de Vallesaut, toutes quatres Chantres avec autres personnes de ladite Eglise, pour recevoir le serment que devoit faire le Duc pour la garde de l'Eglise et de la ville de Remiremont; laquel Duc voulant faire son devoir, étant à genoux, fit son serment en présence de tout son baronage, sur les Saints-Evangiles, qu'il seroit féable (féal) au Monastère et à l'Eglise de Remiremont, et à toutes les personnes dédiées à icelle; qu'il garderoit et défendroit tous ses sujets, et garderoit leurs franchises et libertés, et les bourgeois et habitants de la ville. Reconnut encore qu'il étoit tenu tous les ans de porter en la procession solennelle le jour de la division des Apôtres les corps saints de l'Eglise de Remiremont, ainsi qu'il est convenu aux anciennes chartes de ses prédécesseurs qu'il confirma et ratifia; puis le Duc, étant à l'entrée de la grande porte de l'Eglise, fit un second serment de la même manière, et ensuite devant le grand Autel il fit le troisième serment, le tout en présence de M. Ferri de Lorraine, son frère, Nobles Jacques d'Amance Maréchal de Lorraine, Jean de Parroye Sénéchal, Liebaut du Chatelet Bailly de Nancy, Jean Seigneur de Ville, Ancel de Darnicules, Guy de Harotié, Warry de Savigny, Henri d'Ogivilliers et autres personnes". — On a les serments de Ferri IV (1312); du duc Raoul (1333), du duc René I., roi de Jérusalem et de Sicile (1431); du duc Jean d'Anjou (1465), duc de Calabre et de Lorraine (V. aux Arch. le récit pittoresque du page de La Battieule, et Guinot, p. 164 et s.); du duc Antoine (15 juin 1513); du duc Charles-le-Grand (1579); la promesse de Louis XIV de venir vénérer les reliques des saints et prêter le serment séculaire des ducs de Lorraine (1695); la visite du duc Léopold, après avoir fait enlever la *Franche-Pierre*, sous prétexte qu'elle gênerait le passage de son cortége, afin d'échapper à l'obligation du serment traditionnel (1699).

[93]) Arch. d'Epinal, Copie.

*XXXI. Jeanne de Vaudémont, fille de Henri II, comte de Vaudémont, et d'Elizande de Vergy, † 1347, 20 avril.

Sceau de Jeanne de Vaudémont, d'après le Cartulaire.

XXXII. Marguerite de Salvaine. † 1348, 24 avril.

*XXXIII. Simonette de Varre, d'abord doyenne, † 1350, 8 octobre.

*XXXIV. Eléonore ou Aliénor de Châlons, fille de Jean II, comte de Châlons, d'Auxerre et de Tonnerre, et d'Alix de Montbéliard, † 1374, 8 août. Son abbatiat est signalé par l'amélioration de l'enceinte de Remiremont par les bourgeois, et par la réorganisation des milices de Vagney et de la prévôté de Bruyères chargées de la garde de la ville, ainsi que de celles de la confrérie des arbalétriers et des arquebusiers chargée, sous l'autorité du maire de Remiremont, de la défense du chapitre; par l'observation de la neutralité entre la Lorraine et la Bourgogne; par un siége de Remiremont par Malcerveil, bailli du duc Raoul, qui ne put en forcer les portes et fut désavoué par son maître, lequel accorda à l'abbaye la réparation des dommages causés; par l'octroi, en assemblée tenue au choeur de l'église conventuelle, le 13 mai 1366, de nouvelles libertés municipales à la bourgeoisie de la ville. La charte en question stipule en particulier que la cité de Remiremont ne pourra se servir d'autre sceau que celui du chapitre, et que l'élection annuelle du maire aura lieu au *Plaid de Madame*, et elle place ce fonctionnaire du municipe sous la surveillance des notables bourgeois.

Sceau de Jeanne d'Aigremont d'après le Cartulaire.

*XXXV. Jeanne d'Aigremont ou Atrimont, † 1404, 4 mai. Nous enregistrons sous cet abbatiat la confirmation des priviléges par Urbain V (1376); la reconnaissance solennelle de l'indépendance politique de l'abbaye par le duc Jean Ier (1376); le serment de féauté du duc Charles II (1392); la consécration de la transformation aristocratique en chapitre noble par le pape d'Avignon, Benoit XIII, le 4 septembre 1403.

*XXXVI. Catherine de Blâmont, abbesse d'Epinal, fille de Henri IV, comte de Blâmont, et de Cunégonde de Bourgogne. Les Blâmont étaient alliés aux Lorraine. Son élection fut l'occasion d'un schisme dans le chapitre et de violences contre ses adversaires qui avaient élu Henriette d'Amoncourt. L'église profanée fut interdite. Il y eut procès en cour de Rome; le grand-prévôt, Jean de Blâmont, frère de Catherine, fut condamné à une amende très forte et Jean XXIII cassa l'élection de Catherine, en 1412 [94]). Mais celle-ci mourut dès le 8 août 1408 et fut ainsi dépossédée avant l'issue du procès [95]); puis Henriette d'Amoncourt fut remise en possession paisible de la crosse abbatiale.

*XXXVII. Henriette d'Amoncourt, d'abord secrète du chapitre, † 1418, 10 octobre [96]). Elle ralluma la discorde, en faisant un règlement qui obligeait toute chanoinesse, apprébendée dans un autre chapitre, à renoncer à son premier apprébendement, pour être reçue à Remiremont, et imposait la perte de sa prébende à toute chanoinesse qui quittait le chapitre. Ce règlement fut sanctionné par Martin V, à la date du 27 april 1418 (Etsi ex susceptae servitutis officio...) [97]).

*XXXVIII. Isabelle de Demengeville, fille du Sire de Demengeville et de Marie de Bourgogne, élue en 1419, † 1444, 5 avril. La collation des régales lui fut faite par Jacques de Sierck, archevêque de Trèves, par délégation de l'empereur Frédéric III, qui confirma de nouveau tous les priviléges de l'abbaye [98]). Nous notons le serment de René Ier.

*XXXIX. Henriette de Vienne, † 1452, 18 février, fut élue à l'inanimité; elle était absente de Remiremont et y fit son entrée solennelle, le 3 octobre 1444. Il faut mentionner les lettres de sauvegarde données à l'abbaye, par Charles VII, roi de France, pendant le siége de Metz, par patente datée de Nancy, en octobre 1444 [99]); car elles indiquent que le chapitre devinait en quelque sorte l'avenir. Madame Henriette tint sur les fonds baptismaux, Nicolas, fils de Jean d'Anjou [100]). Nicolas V confirma les priviléges spirituels de l'abbesse.

*XL. Jeanne de Chauvirey, fille du chevalier Jean de Chauvirey et de Marguerite de Celles, † 1453, 14 mars.

94) Friry, l'Archive de Rem., et Guide, II.

95) Arch. d'Epinal, Cartul. Vuillemin.

96) Le diplôme d'investiture des régales, au profit de la princesse Henriette, est du 20 juin 1415. Il est donné par l'empereur Sigismond, daté de Constance, et revêtu du sceau de majesté (Guinot, p. 412).

97) Guinot, p. 403. — Cartul. Vuillemin.

98) Arch. d'Epinal, Cartul. Vuillemin.

99) Arch. d'Epinal. — Friry, l. c. p. 52.

100) Dom Calmet, H. d. L.

*XLI. Alix de Paroye, doyenne, fille de Jean de Paroye, † 1474, 26 janvier[101]). Le duc Jean d'Anjou vint le 12 mai 1465, à Remiremont, prêter le serment de féauté[102]). En 1468, la peste dévasta Remiremont: le chapitre se dispersa et Alix de Paroye abandonna la ville, pour échapper au fléau; c'est ce qui fait dire à Dom Calmet qu'elle ne jouit point de son abbaye. Il ajoute qu'elle fit des fondations importantes à Remiremont.

XLII. Catherine de Neufchâtel, † 1501.

*XLIII. Jeanne d'Anglure, † 1505, 9 avril. Catherine de Neufchâtel avait été élue à l'abbatiat par le parti bourguignon, et, quoiqu'elle n'eût que dix-huit ans. Sixte IV avait confirmé l'élection, en faveur d'Antoine de Neufchâtel, son frère, évêque de Toul; mais le parti lorrain protesta contre une élection anti-statutaire et lui opposa Jeanne d'Anglure, âgée de quarante ans, en faveur de laquelle le Saint-Siége se prononça. C'est ce qui fait ignorer à Dom Calmet le court abbatiat de Catherine. René II prêta le serment de féauté en 1474. Pendant les invasions de Charles-le-Téméraire, les domaines du chapitre ne furent pas trop maltraités dans le voisinage de l'abbaye, grâce à la neutralité observée par celle-ci; mais les autres bans furent ravagés et Jeanne d'Anglure, ayant prouvé, en 1489, que les revenus étaient diminués des deux tiers, obtint la réduction à vingt florins d'or du Rhin, de la redevance à la cour de Rome [103]). Le service divin continua à se célébrer avec la même exactitude et la même magnificence. Jeanne fonda et dota l'hôpital de Vittel[104]).

*XLIV. Agnès de Dommartin, † 1508, 11 août, était fille aînée de Louis de Dommartin, gouverneur du duc Antoine, et d'Elisabeth du Châtelet.

*XLV. Alix de Choiseul, † 1521, était fille de Guillaume de Choiseul et de Jeanne du Châtelet; sous son abbatiat, le duc Antoine prêta à Remiremont le serment de féauté, le 15 juin 1513. Alix se démit en faveur de Madeleine de Choiseul, en 1517.

XLVI. Madeleine de Choiseul, † 1549, était fille de Jean de Choiseul et d'Antoinette de Vergy.

*XLVII. Nicolle de Dommartin, soeur d'Agnès de Dommartin, † 1549. Elle était abbesse d'Epinal et résigna la crosse de Remiremont entre les mains de Marguerite d'Haraucourt, fille de Claude d'Haraucourt, baron d'Ormes, et de Françoise d'Inteville. Marguerite de Neufchâtel, abbesse de Beaume, prétendit alors qu'Alix de Choiseul avait fait une seconde résignation en sa faveur et fit confirmer son élection par le pape (1524).

XLVIII. Marguerite de Neufchâtel, † 1549, avait nommé Madeleine de Choiseul sa coadjutrice, pour éviter des luttes. Elle jouit cependant de la dignité abbatiale jusqu'à sa mort ([105]).

C'est sous son abbatiat que le duc François Ier mourut à Remiremont, le 12 juin 1545. On remit ses funérailles au mois d'août 1546, à cause de la peste; ses entrailles furent inhumées dans l'église du chapitre et son corps fut déposé dans la collégiale de Deneuvre.

*XLIX. Marguerite d'Haraucourt, † 1568, 31 juillet[106]). Elle rendit la paix au chapitre et voulut rétablir au dehors sa gloire, sa puissance et son indépendance politique. En 1551, l'empereur Charles-Quint confirma les priviléges de l'abbaye[107]). Christine de Lorraine, régente de Lorraine, avec Nicolas de Vaudémont, évêque de Verdun, pendant la minorité de Charles III, duc de Lorraine, avaient fait hommage, en 1544, à Charles-Quint, pour les fiefs impériaux enclavés dans la Lorraine; Charles-Quint avait de son côté, par lettres patentes du 15 février 1563, donné sauvegarde et protection à l'abbaye, et ordonné de placer l'aigle impériale sur les maisons et domaines abbatiaux[108]). Marguerite d'Haraucourt recourut encore à l'empereur Ferdinand Ier, en invoquant le diplôme de Henri IV, et nous trouvons dans le Registre de l'empire, de 1563 à 1565, 5 autres lettres patentes d'un grand intérêt historique[109]). (Ces pièces n'ont encore été citées par

---

[101]) Arch. d'Epinal.

[102]) Voici quelle fut la formule du serment: „Moi Jean, fils du roi de Jérusalem et de Sicile, par la grâce de Dieu, Duc de Calabre et de Lorraine, je jure sur le Saint-Evangile et par les mérites de Jésus-christ, que je serai féal au monastère de Remiremont, que je ferai respecter les droits, franchises, libertés de cette église et de cette ville, les garderai et défendrai ainsi qu'un prince loyal doit faire: et reconnais que je suis tenu chaque année, de porter en procession solennelle, le jour de la Dispersion des Apôtres, les glorieux saints de cette église, comme il est de coutume d'après les chartes jurées par mes illustres prédécesseurs à qui Dieu fasse miséricorde et pardon; je ratifie et confirme ces chartes et leurs clauses sans esprit de perfidie, et ainsi Dieu veuille m'aider.“ Arch. d'Epinal, Relation de La Battieule.

[103]) Arch. d'Epinal.

[104]) Sur la porte extérieure de la chapelle Saint-Charles ou Saint-André, on voyait encore au XVIIIe siècle, un bas-relief représentant Madame à genoux près du portail d'un oratoire, les mains jointes et la crosse placée sous le bras (Dom Calmet, H. de L.).

[105]) Elle fut inhumée à Beaume; on lisait cette épitaphe sur son tombeau:

Ci-gît haute et puissante dame Madame Marguerite de Neufchâtel,
dame de Remiremont et abbesse de Céans.
Fille de haut et puissant seigneur Messire Claude
De Neufchâtel, chevalier de la toison d'or et de dame Bonne
De Boulay, seigneur et dame dudit Neufchâtel, de Châtel
Sur Moselle, Beaurepaire, etc., laquelle trépassa le 3
Septembre 1549.

L'écu de ses armes était adossé à deux crosses (Guinot, p. 177).

[106]) Son tombeau était à gauche de la porte de la chapelle Saint-André: elle était représentée en bas-relief, les mains jointes, l'aumusse sur le bras droit, la crosse sous le bras gauche, et la tête reposant sur un coussin. Aux quatre coins étaient quatre écussons: En haut, Haraucourt et du Châtelet, au bas, Lenoncourt et Savigny. Aux pieds on lisait: „Cy-gîst Révérende Dame, Madame Marguerite d'Haraucourt, en son vivant abbesse de Remiremont, qui trépassa le dernier jour de juillet 1568. Priez Dieu pour elle“ (Guinot, p. 182).

[107]) Arch. d'Epinal.

[108]) Arch. I^les^ (Vienne). Registre de l'empire, T. XXIX (1561 à 1564), p. 467, Nr. CXLIV. Lettres patentes de sauvegarde et de protection de Charles-Quint, pour l'abbesse, la doyenne et les chanoinesses de l'abbaye de Remiremont, du 15 février 1563 (latin).

[109]) Arch. I^les^ (Vienne). Registre de l'emp. T. XXIX (1561–1564), p. 469, Nr. CXLV. Ferdinand. Lettres patentes de confirmation de priviléges, pour l'abbesse et le convent du monastère de Saint-Pierre de Remiremont, du 16 février 1563 (latin). — T. XII (1557–1564), p. 369. Ferdinand. Lettres patentes de confirmation de priviléges, pour l'abbesse

aucun historien). Rien n'y fit: Charles III avait juré *sa foi de gentilhomme* qu'il placerait Remiremont sous son sceptre; il fit donc très-respectueusement enlever par Ligniville, son bailli de Vôges, les armes de l'empire et les lettres-patentes munies du sceau de majesté, qui étaient placardées à la porte de l'église conventuelle, au carrefour de la Franche-Pierre, et aux portes de la Xavée et de Neuvillers[110]; Jean de Salm, maréchal de Lorraine, ne trouva rien de mieux, pour intimider les chanoinesses et empêcher toute résistance, que de déployer un appareil tout à la fois militaire et patibulaire, de faire enfermer les chanoinesses et de les menacer du *maître des haultes oeuvres* dont il s'était fait accompagner. Le chapitre se soumit: Ferdinand, occupé par les Turcs, ne pouvait lui être d'aucun secours. Moyennant cette soumission, Charles III prononça la main-levée du séquestre des revenus de l'abbaye[111]. La dignité princière n'était plus qu'un emblême; le chapitre avait perdu sans retour son immédiateté et son indépendance. Nous blâmerons ici la violation du droit par la force, tout en reconnaissant que l'épée des ducs de Lorraine recula de plus de deux siècles la ruine des couvents catholiques de l'ancienne Austrasie, tandis que l'empire ne sut pas empêcher les vieux monastères de l'Allemagne de crouler de toutes parts et ses ordres religieux de disparaître de toutes parts, à la voix de Luther et de ses sectaires.

*L. Renée d'Inteville, † 1580, 5 mai, était fille de Jean d'Inteville et de Gabrielle de Stainville. Elle assura la paix extérieure du chapitre, par une convention passée avec Charles III, à la suite de laquelle ce prince vint en 1579, prêter le serment de féauté (pro forma) et fit porter la châsse de Saint-Romaric par des grands seigneurs de sa cour. Elle s'occupa d'établir une police sévère à l'intérieur; organisa le service des pompes à incendie et s'occupa de réformer la léproserie fondée de temps immémorial, desservie par des hospitaliers convers placés sous la direction de l'écolâtre, curé de Remiremont, et soumis au double voeu de pauvreté et de chasteté. Aucun malade n'y était reçu sans l'ordre de l'évêque. Guinot nous transmet le touchant récit d'une réception de deux recluses, Marie et Jeanne de Ranfaing, 15 juin 1579, d'après un manuscrit du XVIe siècle[112]. Renée d'Inteville résigna sa dignité en faveur de Barbe de Salm, la soeur du maréchal du Lorraine, *l'homme au bourreau*[113].

LI. Humberte de Chastenay, † 1583. Le chapitre annula à l'unanimité la résignation au profit de Barbe de Salm, le 9 mai 1580. Il y eut procès en cour de Rome: Grégoire XIII maintint à celle-ci la crosse abbatiale et déclara irrégulière l'élection de Madame Humberte, qui mourut quelque temps après.

*LII. Barbe de Salm, † 1602, 31 mai. Les chanoinesses, profitant de ce que le terme de collégiale était employé dans la bulle d'institution de Madame Barbe, à l'exclusion absolue du terme de monastère, rejetèrent l'habit monastique et ne conservèrent que le manteau de choeur et un semblant de voile religieux[114]. L'abbesse sut du reste par son humilité et sa douceur mériter l'affection de toutes les chanoinesses; elle fit préparer pour les reliques des saints fondateurs, des châsses d'une grande richesse; elle fit écrire par Sébastian Valdenaire, prieur d'Hérival, la chronique de l'Eglise de Saint-Pierre de Remiremont, qui fut achevée le 26 novembre 1588; elle compléta les réglements de police de Renée d'Inteville, et, lorsque la peste fit invasion en Lorraine à la suite des hordes protestantes et, en janvier 1588, pénétra à Remiremont, elle n'abandonna pas l'Abbatiale et fit prendre toutes les mesures nécessaires pour combattre le fléau[115]. Elle avait nommé coadjutrice, en 1583, sa nièce, Elisabeth Rhingraff de Salm, qui lui succéda de droit et de fait à sa mort.

*LIII. Elisabeth Rhingraff fit son entrée à Remiremont, le 5 décembre 1602; elle choisit pour coadjutrice Catherine de Lorraine, en 1609, et se démit de sa dignité, en 1611, pour épouser le prince de Ligne.

*LIV. Catherine de Lorraine, née à Nancy, le 3 novembre 1573, † 1648, 7 mars, tient le premier rang parmi les femmes illustres du XVIIe siècle. Son père fut le duc Charles III, que l'histoire surnomme *le Grand*; sa mère fut Claude de Bourbon, fille de Henri II de France[116]) Aucune

---

et le convent du monastère de Saint-Pierre de Remiremont, du 15 février 1563, à Insprucк (latin). — p. 370. Ferdinand. Lettres de sauvegarde et de protection . . . , du 19 février 1563, à Insprucк (latin). — T. II (1564—1570), p. 62. Maximilien II. Lettres patentes de protection et de sauvegarde, pour l'abbesse et la doyenne, et le chapitre du monastère de Remiremont, du 26 juillet 1565, à Vienne (latin). — T. III (1564 à 1567), p. 99. Maximilien II. Mandat impérial enjoignant aux sujets de l'abbesse, de la doyenne, et du Convent du Monastère de Saint-Pierre de Remiremont de payer le cens, etc., du 20 novembre 1565, à Vienne (latin).

[110]) Archiv. d'Epinal.

[111]) Guinot, p. 180 et s. d'après Friry, l. c.

[112]) Arch. d'Epinal.

[113]) Au XVIIIe siècle, on trouva son coeur près du tombeau de Marguerite d'Haraucourt. La boite de plomb portait cette inscription en relief: „Cy est enterre le coeur de feue Révérende Dame Madame Renée d'Inteville en son vivant Dame abbesse de cette église qui rendit son âme à Dieu le 5 mai 1580." Son portrait se trouvait dans un tableau représentant une descente de croix. Elle était à genoux devant un oratoire; une guimpe blanche couvrait sa poitrine; son voile était déjà moins long que celui de Marguerite d'Haraucourt; l'aumusse était sur son bras droit. Dans son blason on voyait deux léopards d'or, et la crosse au-dessus de l'écusson (Guinot, p. 187).

[114]) Mabillon, Oeuvres posth. II. — Dom Ch. Georges.

[115]) Arch. d'Epinal.

[116]) En remontant son ascendance directe, nous trouvons, *du côté paternel*:

François Ier, duc de Lorraine et Christine de Danemarc;

Antoine, duc de Lorraine et comte de Vaudémont, et Renée de Bourbon;

René II, duc de Lorraine, Philippe, duchesse de Gueldres;

Ferri II, comte de Vaudémont et Yolande d'Anjou, fille de René Ier d'Anjou, duc de Lorraine, roi de Jérusalem et de Naples, et d'Isabelle de Lorraine;

Antoine de Vaudémont, seigneur de Joinville, et Marie, comtesse d'Harcourt;

Ferri de Lorraine, comte de Vaudémont, et Marguerite de Vaudémont.

⋮

Gérard d'Alsace et Hadwide de Namur, petite-fille de Charlemagne.

naissance ne fut plus glorieuse. Les brillantes qualités de cette princesse la firent chérir de son père et rechercher (1608) par Matthias, pour son héritier Ferdinand II[117]; mais elle avait déjà, dans son coeur, renoncé au monde, et, à la mort de son père, en 1608, elle s'abandonna à sa vocation. Un historien[118]) a tracé d'elle ce portrait, auquel nous nous garderons bien de retoucher. „Son caractère est empreint d'une grandeur royale adoucie par la piété. Cette princesse unit aux plus humbles vertus de la vie religieuse un courage viril et l'élan généreux d'une âme chevaleresque. Aussi calme sur la brèche, sous le canon de l'ennemi, que dans le silence du cloître, son coeur ne fut ému que par la piété filiale et par le spectacle de la misère: dans les jours de famine, on la vit mendier pour soulager les pauvres. Toujours sereine au milieu des orages, elle oppose le pardon aux injures et une douceur angélique aux outrages de la fortune, et porte sans fléchir le poids des calamités qui écrasent sa famille et sa patrie. Vouée à une vie pénitente, ayant méprisé les couronnes qui recherchaient son front, elle ne put toutefois oublier la gloire de sa race et les destinées de son pays. Du fond d'une cellule, elle tint Richelieu en échec, et crut sauver sa patrie en ménageant le sceptre de la France à sa nièce et coadjutrice, Marguerite de Vaudémont. Sous une apparence d'inquiétude ardente, qui l'entraîne vers ce qui lui paraît plus grand et plus parfait, son esprit est pénétrant et ferme: elle prévoit les difficultés, mais elle est ingénieuse à les éviter, ou les attaque de front et les dompte par son intrépidité. Il semble que Charles III lui ait donné toute la grandeur de son caractère[119]).“

C'est de l'abbesse que nous avons à nous occuper. Elle reçut, en 1611, les bulles de Grégoire XV qui l'instituaient, et prêta serment entre les mains de l'abbé de Luxeuil, délégué du Saint-Siége, le 21 décembre de la même année. Catherine n'accepta cette crosse si enviée, que dans la pensée de rendre son abbaye à la vie régulière. Elle reçut la bénédiction abbatiale dans l'église Saint-Georges, de Nancy, des mains de Jean de Maillanne, évêque de Toul, de la façon la plus solennelle[120]); ensuite, suivie d'un cortége magnifique et des princes de sa famille, elle fit son entrée à Remiremont, délivra les prisonniers, investit les officiers judiciaires et municipaux et prêta les serments usités. Bientôt elle se mit à l'oeuvre pour réformer le chapitre: les tentatives infructueuses de Claude d'Anglure, à Poussay, en 1578, auraient dû lui faire prévoir l'impossibilité de ramener un institut féodal, devenu une nécessité politique pour la noblesse, aux proportions d'un simple monastère. Rien ne la découragea. Sur sa demande, Paul V nomma[121]), en 1613, trois commissaires apostoliques, qui furent Simonin, archevêque de Corinthe, suffragant de Besançon, Maillanne, évêque de Toul, et Peetz, évêque de Tripoli, suffragant de Strasbourg. Sur l'opposition du chapitre, le pape révoqua ensuite les deux premiers et nomma à leur place, François de Sales, alors évêque de Genève et l'evêque de Gratianopolis, suffragant de Bâle. Le saint évêque de Genève écrivit au chapitre une lettre, datée d'Anneci, le XXVIII, IX, 1613, qui aurait dû ramener les résistances; mais les chanoinesses récusèrent Saint François de Sales et l'évêque de Gratianopolis, et le Saint-Siége retira son bref. Lorsque les premiers commissaires apostoliques, n'ayant pas encore connaissance de leur révocation, se présentèrent, le 4 novembre 1613, à Remiremont, et se rendirent à l'église, ils la trouvèrent dépouillée de tout ornement, en signe de deuil et de protestation. La doyenne, Anne de Stainville, ne leur rendit aucun honneur, tandis que Madame Catherine déclara se soumettre à leurs décisions. Les évêques firent leur rapport à Paul V, le 16 novembre 1613[122]). Le pape nomma alors, par bref du 18 mars 1614, Sareggi, évêque d'Adrie et nonce près les cantons helvétiques, pour visiter, pacifier et réformer l'abbaye. Il faut constater que le rapport du 16 novembre rendait cette justice au chapitre, que les moeurs y étaient pures. La princesse Catherine eut le tort, en 1614, d'introduire le rit romain, que le chapitre s'empressa d'adopter, afin d'opposer une barrière au rétablissement de la règle de Saint-Benoît. Elle répara cette faute, en faisant composer et publier, en 1643, le *Propre* de Remiremont, d'après les anciens bréviaires manuscrits. Sareggi fit sa visite, malgré l'opposition d'Anne de Stainville: il proposa des points de réforme mitigée, afin de rendre à la corporation la dignité des moeurs chrétiennes, et l'esprit

Du côté maternel:

Henri II, roi de France, et Catherine de Médicis;
François Ier, roi de France, et Claude de France;
Charles d'Orléans, comte d'Angoulême, et Louise de Savoie;
Jean, comte d'Angoulême, et Marguerite de Rohan;
Louis, duc d'Orléans-Valois, et Valentine Visconti, duchesse de Milan;
Charles V, roi de France, et Bonne, fille de Jean, roi de Bohême;
Philippe VI, de Valois, roi de France, et Jeanne de Bourgogne;
Charles de Valois et Marguerite, fille de Charles II, roi de Sicile;
Philippe III, roi de France, et Marie de Brabant;
Saint Louis (IX), roi de France, et Marguerite de Provence.

⋮

Hugues Capet, chef de la 3e dynastie des rois de France.

117) Dom Calmet, H. de L. — Selon Lionnois, H. de N., la demande fut faite par Charles-Quint pour l'archiduc, son fils; mais Charles-Quint est mort, en 1558, — Didelot fait la même erreur.

118) Lionnois, H. de Nancy, III, p. 148 et s. — Ce portrait a été amplifié par Guinot. — Un historiographe de 1612, cité par Friry, l. c. a dit d'elle: „Elle étoit d'une rare et singulière piété en un siècle tant impie, et donnoit dans ce vénérable collége qu'elle présidoit, un tel et tant signalé exemple de bonne vie, que tous les siècles à venir auront sujet et occasion d'en conserver la mémoire“. — Toute sa vie se résume par ces emblêmes qu'elle avait fait graver successivement autour de ses armes, sur son sceau secret. Ce fut d'abord le cordon de Saint-François; ce fut plus tard une couronne d'épines.

119) Nous regrettons vivement de n'avoir pu retrouver et faire reproduire le grand tableau, placé autrefois, selon Lionnois (H. de N. II, p. 290–291), dans l'église des Minimes de Nancy, derrière l'autel et au fond du choeur, où l'on voyait les portraits de Charles III, de la duchesse Claude, son épouse, de ses trois fils, Henri II, François II et Charles, cardinal de Lorraine, et de ses quatre filles, Catherine, abbesse de Remiremont, sous l'habit de religieuse, Christine, plus tard grande-duchesse de Toscane, Antoinette, duchesse de Juliers et de Clèves, et Elisabeth, mariée à Maximilien, duc et électeur de Bavière. Ce tableau était de Remy Constant.

120) Dom Calmet. — Dom Charles George. — Archives d'Epinal.

121) Dom Calmet, H. de L. — Lionnois, l. c.

122) Archives d'Epinal, Rapport des comm. apost.

de piété. Son règlement contient cinquante-deux articles[123]; mais les chanoinesses, loin de se soumettre, consultèrent la Sorbonne, qui répondit que Madame l'Abbesse devait prouver au préalable le rétablissement de la règle de Saint-Benoît, attendu que la sécularité du chapitre reposait sur une longue prescription. Elles en appelèrent même au pape. La sentence est du 30 mai 1616; mais elle n'était qu'arbitrale et l'évêque de Tripoli, chargé de son exécution, fit traîner cette exécution en longueur[124]). Sur les instances de l'Abbesse, le pape commit pour exécuteurs les évêques de Toul et de Verdun, qui se récusèrent, puis l'évêque de Châlons-sur-Saône, qui fit de même, sur l'ordre péremptoire de Louis XIII. La lettre autographe du roi de France dit entre autres: „Et parce qu'il importe grandement à la noblesse de mon royaume et particulièrement de mes provinces de Champagne et de Bourgogne, qui ont leurs filles en la dicte maison et qui en font le plus grand nombre, qu'il n'y soit faict aucun changement...“. La clôture ne put être établie par un nouveau commissaire apostolique, malgré l'excommunication prononcée contre les récalcitrantes. Les chanoinesses furent enfin condamnées à l'obéissance, par une nouvelle congrégation, instituée à Rome sur leur recours; mais les cours de Lorraine et de France, les Etats de Lorraine (1619), les Etats de Bourgogne, toute la noblesse prit leur parti. De nouveaux désagréments engagèrent Madame Catherine à se rendre à Nancy, auprès du duc Henri II, son frère, qui ne put lui donner satisfaction, *afin de ne point désobliger tout le monde*[125]). Elle résolut alors de s'éloigner pour quelque temps du chapitre, pour qui sa retraite équivalait au triomphe de la sécularité, si puissamment protégée par les intérêts politiques. Elle avait choisi pour coadjutrice, en 1614, Marie de Lorraine, qui abandonna presque aussitôt le chapitre, pour devenir abbesse de Chelles; elle adopta pour seconde coadjutrice, Marguerite de Vaudémont, sa nièce, fille de François de Vaudémont et de Christine de Salm. Le mariage secret de Marguerite de Vaudémont avec Gaston d'Orléans, frère de Louis XIII, contre la volonté de Louis XIII et de Richelieu, le 3 janvier 1632, favorisé par la princesse Catherine, qui voyait dans cette union un gage de prospérité et de grandeur pour sa famille et pour la Lorraine, fut une source de persécutions; car Louis XIV n'était pas né et Gaston était l'héritier présomptif du trône de France[126]), Marguerite échappa à ses surveillants et se rendit à Thionville, première place des Pays-Bas espagnols, puis à Namur, où Gaston la vint rejoindre, déclara son mariage et la conduisit à Bruxelles[127]). Ce mariage fut solennellement renouvelé, à Bruxelles, en 1635; toutes les tentatives d'annulation échouèrent, grâce à la résistance du Saint-Siége; mais Richelieu poursuivit sans relâche toutes les personnes qui y avaient pris part: la princesse Catherine quitta Nancy et se réfugia en Franche-Comté, où elle retrouva, à Besançon, le duc Nicolas-François et la duchesse Claude de Lorraine. Louis XIII, tout hostile qu'il fût à l'Abbesse, protégea le chapitre »composé en partie, disait-il dans un ordre de 1633 à ses généraux, de personnes nobles de son royaume et consacrées à Dieu«. L'abbaye échappa aux fureurs des Suédois[128]). En 1635, Remiremont, occupée par quinze compagnies du régiment de Normandie, fut attaquée par le duc Charles IV et sauvée des menaces d'incendie et d'extermination de la garnison aux abois, par l'intercession des chanoinesses auprès du duc, lequel accorda au régiment de Normandie la plus honorable capitulation[129]). Catherine de Lorraine alla alors à Inspruck, auprès de sa nièce, l'archiduchesse d'Autriche, petite-fille de Charles III, puis à Munich, auprès de sa soeur Elisabeth, duchesse de Bavière. Enfin, après trois années d'absence, au printemps de 1638, elle rentra à Remiremont. La guerre venait de recommencer: Turenne fit le siége de cette ville, le 2 juillet: il n'y avait que trente soldats dans la place, mais les bourgeois avaient pris les armes. Le 4, les Français battirent la muraille, du côté opposé au *petit putai*, et, à dix heures du matin, la brèche fut large de vingt pas. La vue du péril redoubla le sangfroid et le courage de Catherine: elle montra qu'elle était fille de Lorraine: »elle anima tellement la garnison, qu'on peut dire qu'elle fit le devoir de capitaine, de soldat et de brave princesse« [130]). Au début du siége, elle avait fait un voeu solennel; puis, le commandant lorrain ayant requis les femmes pour réparer la brèche et celles-ci refusant de sortir de leurs maisons, l'abbesse accourut à la tête des chanoinesses et donna l'exemple. A ce spectacle, chacun mit la main à l'oeuvre et le dégât fut promptement réparé. Deux assauts furent repoussés et le 8 les assiégeants se retirèrent sur Epinal[131]). L'abbesse Cathe-

---

123) Archives d'Epinal.

124) Dom Calmet. — Dom Ch. Georgc

125) Dom Calmet. — Lionnois.

126) Habitué à dire toujours notre manière de voir, sans détour et sans réticences, nous n'hésitons pas à reproduire le jugement sur Richelieu, le bourreau de la Lorraine (Mordbrenner en allemand), qui se lit: *Singularités hist.* de diff. siècles, Paris, Le Jay, 1788, p. 193. „Richelieu parut comme une comète menaçante, enflammant l'horizon, excitant des orages, brûlant, détruisant tout sur son passage, laissant après elle des traces profondes de sa force et de ses ravages. Il ne connut jamais les charmes de la douceur, les moyens conciliateurs et tempérés, le pardon des injures, ni aucune des vertus paisibles de son état“. Quand une fois, disait-il lui même, j'ai pris ma résolution, je vais à mon but, je renverse tout, je fauche tout, ensuite je couvre tout de ma soutane rouge“ . . . Ce despote fit tomber les têtes les plus illustres de la monarchie, força la mère du Roi, la veuve de Henry-le-Grand, d'abandonner la France et de fuir de royaume en royaume, sa haine et ses persécutions; ce prêtre sanguinaire . . . L'histoire des hommes n'offre rien de si révoltant, et la langue n'a pas de mots assez forts pour exprimer tout l'odieux de sa politique“. C'est un Français qui parle; que devaient penser les Lorrains, les victimes de ce bourreau?

127) Dom Calmet. — A. Didot, H. de L.

128) Archiv. d'Epinal.

129) Guillemin, Histoire de Charles IV. — Henri Campion de Feuguerai, Mémoires. — Richard, Mémoires de l'Académie de Stanislas. — Lionnois.

130) Mém. de l'Acad. de Stanislas. — Arch. d'Epinal. — Lionnois H. de. N., III, p. 156.

131) Une gravure du temps reproduit ce fait d'armes. On y voit au premier plan une chanoinesse tenant de la main droite une épée nue qu'elle brandit. et de la gauche un pistolet qu'elle dirige vers la brèche. Derrière elle, une autre chanoinesse est renversée et blessée: elle pose une main défaillante sur une hache d'armes. Une troisième chanoinesse est armée d'un mousquet, qu'elle appuie avec la main droite sur le rempart (Guinot, p. 248. — Lionnois, l. c.). — Voici comment le *Plutarque français* par Turpin, Paris, 1777, raconte les faits: „La plupart des villes étaient occupées par les Français; Remiremont fut assiégée, la conquête en paraissait facile, il n'y avait que les bourgeois et trente soldats pour la défendre; mais cette troupe était commandée

rine profita de la retraite des troupes lorraines (1638), pour demander à Louis XIII de reconnaître la neutralité de Remiremont, de Saint-Dié, d'Epinal, d'Arches et de Bruyères. En 1639, cette neutralité fut reconnue, et ratifiée par Louis XIII et par Charles IV.

Le peuple de Remiremont trouva dans sa princesse-abbesse, pendant l'hiver de 1642, pendant lequel la disette en Lorraine fut terrible, un ange de charité: elle mendia de porte en porte pour les pauvres, une coupe à la main, et put ainsi nourrir les nécessiteux jusqu'à la nouvelle récolte [133]).-Comme témoignage de sa piété, nous notons son pèlerinage à Notre-Dame-de-Bon-Secours (Nancy), pour obtenir la fin des malheurs de la Lorraine [134]). La naissance d'un rejeton de Louis XIII apaisa les colères de la cour de France contre Gaston d'Orléans et son épouse, Marguerite de Vaudémont; Gaston rentra en grâce, et Catherine se rendit aux voeux de la duchesse d'Orléans et alla la voir à Paris, où elle demeura près de cinq années. Mais Anne d'Autriche était son ennemie: on lui supprima, en 1646, sa pension de mille livres par mois. Elle vécut, pendant les deux dernières années de sa vie, du prix des pierreries que lui avait léguées la duchesse de Clèves [135]). Elle aimait comme sa fille, Anne-Marie de Chevreuse, fille de Claude de Lorraine, duc de Chevreuse, et lui assura la succession à sa crosse, en 1644, en la nommant sa coadjutrice. Mais la jeune princesse se démit l'année suivante, pour entrer en religion, et mourut à Port-Royal, le 5 août 1652, à l'âge de vingt-huit ans. Catherine, croyant sa fin prochaine, fit son testament, le 31 decembre 1646 [136]). Il commence par la formule usuelle: elle y fait des legs à la paroisse, à l'hôpital, aux pauvres de Remiremont, etc. Le 7 mars 1648, elle mourut, après avoir souffert d'une cruelle maladie, pendant des mois, avec une sainte résignation [137]).

*LV. Isabelle d'Alençon († 1672). France et Lorraine se disputèrent la crosse abbatiale. Marguerite de Vaudémont recommanda Isabelle, sa fille, par lettre du 9 mars 1648; le duc d'Orléans appuya cette requête; Louis XIV commanda, sous la forme de l'invitation la plus courtoise, à ses très-chères et bien-aimées Dames, le 10 mai 1648; d'un autre côté, Charles IV de Lorraine sollicita les suffrages du chapitre pour sa fille, par lettre autographe, datée de Bruxelles, le 12 mars 1648. Le 17 mars suivant, Hélène d'Anglure proclama le résultat du scrutin en faveur d'Isabelle. Innocent X accorda la dispense d'âge et confirma l'élection. Madame de Mahalin fut nommée régente, pour le temps de la minorité de l'abbesse-enfant [138]). Elle ne vint jamais à l'abbaye et n'eut aucun souci de la crosse qu'on avait placée sur son berceau; elle résigna, en 1657, en faveur de Judith de Lorraine, pour épouser le duc de Guise, Henri - le - Balafré. C'est sous son abbatiat que Claude de Lorraine, épouse du duc Nicolas-François, mourut en couches à Vienne (2 août 1648). On transporta le corps de l'illustre défunte en Lorraine, et, en passant par Remiremont, on le déposa dans l'église capitulaire, où on lui fit de magnifiques obsèques.

*LVI. Marie-Anne-Judith de Lorraine, † 1661, 17 juin, était fille du duc Nicolas-François et de la duchesse Claude; elle était née en exil, à Vienne, le 2 août 1645, et avait été admise au chapitre, sur la demande de son père, en 1656. Elle passa une fois à Remiremont, en allant de Vienne à Paris [139]).

*LVII. Dorothée Rhingraff de Salm, † 1702, 4 novembre. Elle était fille de Ch.-Léopold-Philippe de Salm et de Marie-Anne de Bronckorst. Née le 31 janvier 1654, elle fut investie à Aix-la-Chapelle, résidence de son père, le 20 novembre 1660, et fit son entrée solennelle à Remiremont, le 24; puis elle retourna dans sa famille. Madame de Mahalin administra le chapitre, pendant son absence et sa minorité. En 1673, Créqui rouvrit les brêches de Remiremont, pour rendre la ville indéfendable; en 1674, Turenne s'en empara par surprise; ensuite il accorda aux »dames chanoinesses et messieurs les chanoines«, une lettre de sauvegarde, le 19 décembre de la même année [140]). A la mort de Charles IV, en 1675, le chapitre reconnut l'autorité de Charles V, le glorieux exilé, et lui fit porter l'hommage de son obéissance (1675). Pendant l'interrègne, sous la domination de Louis XIV, c'est à dire jusqu'en 1697 (Paix de Ryswick), le roi de France traita avec humanité l'abbaye de Remiremont et ses sujets. Mais un tremblement de terre vint ajouter, le 16 août 1682, de nouveaux désastres à ceux de la guerre de Trente ans. Il fut fait un voeu, pour préserver à l'avenir Remiremont d'une telle catastrophe qui détruisit l'église et une partie de la ville. La procession, pendant laquelle on portait dans les rues de la cité, en exécution de ce voeu, la Vierge du Trésor, se faisait encore, il y a quelques années, avant l'accaparement de la France par les gens qui la gouvernent aujourd'hui [141]). Les travaux de reconstruction achevés, Madame Dorothée de Salm voulut reprendre l'oeuvre de réforme de Catherine de Lorraine; il y eut des résistances; mais, en 1700, les chanoinesses durent se soumettre à la visite de De Harlay, archevêque de Paris, et du Père La

par Catherine de Lorraine, qui renfermait dans un sexe timide l'ame d'un héros. L'effroi avait glacé tous les courages, elle les releva par son exemple; elle s'avance sur la brêche et travaille elle même à la réparer. A ce spectacle, les femmes et les filles, émules de son courage, sont infatigables; les unes portent de la terre, les autres du bois; l'on en vit même qui sacrifièrent la laine de leurs lits pour arrêter les ravages du canon: familiarisées avec le feu meurtrier des assiégeans, elles essuyent plusieurs assauts, tentés sans fruit. Tandis que ces héroïnes s'élèvent au-dessus des faiblesses de leur sexe, le comte de Ligneville ramasse ses gens et lève un régiment de cavalerie; les soldats épars dans les montagnes se rangent sous ses étendarts; cette troupe intrépide se joint au corps du marquis de Ville et marche sous ses ordres vers Remiremont, où le secours qu'on y jetta contraignit Turenne d'en lever le siége«.

132) A. Digot, H. de L.

133) Dom Alexandre Royer.

134) Ibidem,

135) Dom Calmet. — Dom Alex. Royer. — Lionnois.

136) Avec codicile du 13 mai 1547, Lionnois, op. c.

137) Gallia Christiana. — Dom Calmet. — Durival. — Lionnois place sa mort au 7 janvier 1648.

138) Arch. d'Epinal.

139) Arch. d'Epinal.

140) Arch. d'Epinal. — Inventaire de l'Archive de Remiremont.

141) Nous empruntons aux Mém. Int. ms. de M.-A. de Messey quelques lignes qui donnent bien la note de la sainte confiance du

juillet 1738, après avoir été élue le 16 mai précédent[147]). Les luttes commencèrent entre le chapitre et le fisc lorrain, qui perdit en 1742 deux procès contre l'abbaye, dont il voulait imposer les domaines. La ville de Remiremont fut en partie la proie d'un incendie, en 1741; le chapitre fut alors à la hauteur de ses devoirs et le dommage fut réparé. Il consacra la réserve de son trésor, qui était très-élevée, à faire réparer et embellir l'église conventuelle, et d'autres églises de sa juridiction; Anne-Charlotte voulut, de ses deniers et avec l'assistance de ses frères, mais surtout du feld-maréchal Charles-Alexandre de Lorraine, capitaine-général des Pays-Bas autrichiens, plus tard grand-maître de l'Ordre Teutonique[148]), rebâtir l'abbatiale dans de royales proportions. Madame de Saint-Mauris en posa la première pierre, le 26 juillet 1752, et l'on scella sous la pierre trois médailles d'or, dont nous avons retrouvé le type au Cabinet des Médailles de la Maison Impériale, à Vienne, et dont la haute et gracieuse obligeance de M. le Dr. Kenner, Directeur de cette précieuse collection, nous a permis de donner ici une exacte reproduction, ainsi que d'autres pièces et médailles dont nous indiquons l'origine et le lieu de dépôt[149]).

1. Droit. Revers.

2. Droit. Revers.

3. Droit. Revers[150]).

147) Le 10 mai, selon Lionnois. — Il existe à Remiremont, deux portraits authentiques d'Anne-Charlotte de Lorraine, qu'une pieuse reconnaissance pour les bienfaits du chapitre a sauvés pendant la Révolution. Nous devons à la bienveillante autorisation de M. le Maire et de Madame la Supérieure de l'Hôpital de cette ville, de donner dans notre étude la reproduction d'un de ces tableaux, d'après les photographies spécialement faites pour nous. — Le premier de ces portraits est à l'Hôpital Sainte-Elisabeth: il représente *Madame* en habit de choeur. Malgré les altérations que la toile a subies, le dessin et le coloris en sont remarquables. La photographie n'a pu rendre, il est vrai, les nuances et les oppositions de tons et de couleur, et elle a eu *l'inclémence* de faire saillir les empâtements des fonds, en même temps qu'elle nous déguisait les contours du chaperon et de la coiffure de *Madame*, les fins plis de *sa barbette*, les dentelles de son corsage et les contrastes harmonieux du voile rouge-foncé, autre insigne abbatial, qui retombe de chaque côté de la tête et fait ressortir le blond de la chevelure; mais nous n'avons pas lieu au contraire d'accuser la photographie de n'avoir pas rendu la perfection des traits, la pureté des lignes et le charme du sourire. Nos lecteurs penseront comme nous, en voyant ce portrait, que l'abbesse Anne-Charlotte fut une des plus jolies femmes de son temps ..... et du nôtre. L'abbé Didelot a dit d'elle dans ses *Mémoires mss.* (publiés il y a quelques jours): »La princesse était encore à la fleur de l'âge (en 1738, époque problable où ce portrait a été peint), puisqu'elle touchait seulement à sa vingt-quatrième année. A une taille grande et bien proportionnée, se joignaient les grâces ravissantes de la beauté. Elle avait les traits du visage fins et délicats, le teint frais comme la rose, et la chevelure blonde.« Un haut et vénérable prélat lorrain, après avoir attentivement examiné la photographie, dont nous lui avions offert un exemplaire, s'est exprimé en ces termes: »Assurément ce portrait peut être allégué comme une preuve, qui justifie la réputation de beauté de la race de nos anciens ducs, et c'est un souvenir très-intéressant du passé.« — Le deuxième portrait, actuellement placé dans le Cabinet de M. le Maire et représentant Anne-Charlotte en costume de cour, avec le manteau de pourpre doublé d'hermine, est d'un fini admirable. La princesse y est plus jeune; mais malgré les différences dans la manière des peintres de ces deux tableaux, on retrouve cependant, après une étude attentive des lignes, la ressemblance entre la jeune fille de dix-neuf ans de ce dernier et l'abbesse âgée de quelques années de plus dans l'autre. Cette oeuvre d'art était autrefois dans le salon de *Madame*, tandis que l'autre était dans la grande-salle capitulaire. — Il nous reste à noter que la photographie *trop retouchée du premier* (Anne-Charlotte en manteau de choeur) ne montre pas les traces que nous avons retrouvées sur l'original, traces parlantes des piques et des couteaux révolutionnaires, qui crevèrent et lacérèrent le tableau, lorsque les bandits de Poullain dit de Grandprey envahirent, le 8 décembre 1790, la salle capitulaire. Un coup de couteau donné de haut en bas a lacéré la toile, au côté gauche de la tête, dans le voile; un coup de pique lancé de bas en haut a troué l'hermine près de l'épaule. L'humidité a fait aussi son oeuvre et rongé les couleurs, et cependant, ayant à faire un choix entre les deux portraits, c'est celui-ci que nous avons préféré, et cela simplement, à cause du charme poétique qui s'en émane. On nous assure que le premier est de Jean Girardet, et le dernier de Claude Charles, deux illustrations de la Lorraine et deux peintres ordinaires de la maison ducale.

Il existe un troisième portrait d'Anne-Charlotte en habit de choeur, conservé et tenu en honneur dans la famille du comte Henri d'Hemricourt de Grunne, chevalier d'honneur des Ordres Teutonique et de Malte, arrière petit-fils de Fr.-Chr. de Lambertye, chanoinesse de Remiremont, et arrière-neveu de trois autres chanoinesses de ce même chapitre, dont l'une, Anne-Marguerite-Ignace de Grunne d'Arcin, née le 1er février 1711, fut nommée dame-boursière par Lettres-patentes d'Anne-Charlotte, en date du 1er septembre 1759, puis grande-aumônière, le 1er juillet 1764, et était seconde-doyenne, lorsqu'elle fit son testament le 17 août 1772. C'est un legs de famille: il a une grande valeur artistique. Nous réservons pour notre oeuvre complète sur les chapitres nobles, la reproduction des deux derniers tableaux.

148) V. nos Annales de l'Ordre Teutonique.

149) M. Guinot, qui copie ses devanciers, souvent sans les contrôler et sans les citer, donne une description en partie erronée de ces trois médailles, qu'il n'a pas eues sous les yeux et dont il parle sans doute par ouï-dire.

150) La médaille nº 1 est en argent, elle a 44 mm. de diam. Au droit, elle porte le buste de François et de Marie-Thérèse, avec cette légende: THERESIA ET FRANCISCUS, et au bas: SPONSI; elle est signée J. P. Werner: au revers, elle représente deux coeurs enflammés

Ces médailles devaient sans aucun doute marquer la participation aux frais de construction, de tous les augustes personnages qu'elles représentent. Anne-Charlotte n'habita pas le palais de Remiremont; elle fit sa résidence à Commercy, auprès de la duchesse douairière de Lorraine, jusqu'à la mort de cette princesse, le 23 décembre 1744[151]); elle quitta le 2 mars 1745 Commercy et vint pour quelques jours seulement à Remiremont, où elle marqua son passage par des largesses et des aumônes. Elle alla rejoindre ses frères à Vienne, puis à Inspruck, et ne revit jamais la Lorraine, ni son chapitre; car, après la mort de l'empereur François Ier (François III de Lorraine), elle se fixa dans les Pays-Bas autrichiens, auprès de Charles-Alexandre de Lorraine. Elle fut du reste coadjutrice des abbayes impériales d'Essen et de Thorn. Le chapitre n'en fut pas moins fidèle à la maison de Lorraine: en 1744, il députa à Commercy, Mesdames de Beauvau et d'Arsin, pour féliciter la duchesse douairière, à l'occasion du mariage d'Anne d'Autriche et de Charles de Lorraine, et de même, Mesdames de Lénoncourt et de Beauvau, à la naissance de l'archiduc Joseph, en 1741; il fit célébrer un service solennel, à la mort de la duchesse Elisabeth-Charlotte de Lorraine, en 1744; il priait pour la prospérité de la famille ducale. Nous verrons à la deuxième partie, ce que tenta Stanislas pour rendre plus facile l'apprébendement et ce qu'il fit ensuite pour réserver les prébendes aux filles de la noblesse lorraine; nous montrerons la sévérité gardée dans l'admission des *preuves*. En l'année 1770, le 16 mai, Marie-Antoinette de Lorraine-Autriche, épouse du dauphin qui fut Louis XVI, passa par Nancy, et toutes les chanoinesses de Remiremont vinrent en corps complimenter la nouvelle épousée, à son arrivée sur le sol de la France.

Anne-Charlotte[152]), voulant assurer la succession abbatiale à une princesse de la maison impériale, avait nommé sa coadjutrice, en 1763, Christine-Salomé de Saxe, fille d'Auguste, roi de Pologne et Electeur de Saxe, et de Marie-Joséphine, archiduchesse d'Autriche. Michel de Nicolaï, évêque de Verdun, fulmina les bulles et installa la nouvelle coadjutrice, le 29 septembre 1764. Anne-Charlotte vivait au milieu de ses chanoinesses par ses bienfaits; c'est ainsi qu'elle fonda par acte testamentaire, le 25 novembre 1767, dix lits à l'hôpital de Remiremont. Sa dernière parole à son frère Charles-Alexandre fut celle-ci: „Mon frère, souvenez-vous de nos chers Lorrains". Le grand-maître, prince Charles-Alexandre de Lorraine, annonça au chapitre la mort de sa soeur, par lettre datée de Bruxelles, le 10 novembre 1773. Le corps de la princesse fut ramené de Mons à Nancy et déposé, le 12 décembre, dans le caveau ducal. Le chapitre de Remiremont assista en corps au service funèbre, le 23 décembre, et obtint le coeur de son abbesse. La noblesse et le peuple se portèrent en foule à l'église des Cordeliers, et rendirent un hommage public aux vertus de cette noble fille de ses ducs[154]). A Remiremont, le chapitre célébra aussi des obsèques solennelles et inhuma en grande pompe le coeur d'Anne-Charlotte, que les chanoinesses avaient rapporté. Son frère vint à Remiremont, pour exécuter ses dernières

---

sur un autel. Les coeurs sont entourés d'une guirlande de lierre et les deux flammes se rejoignent. Sur le socle, sont les flambeaux d'hyménée, avec l'écu d'Autriche, à droite, et celui de Lorraine, à gauche. Deux sphynx couchés posant une patte sur un globe, servent de supports. La légende est: CONNUBIUM ILLUSTRAT FATUM. Au bas, on lit le millésime: A. CH. MDCCXXXVII. (Cabinet des Méd. I1, 4739). — La 2e est en or; elle a 34 mm. de diam. et une valeur d'or de 8 ducats ½. Au droit, elle montre tournée à gauche l'effigie de Léopold, couronnée de lauriers, et celle d'Elisabeth d'Orléans, avec diadème et collier de perles: avec cette légende: LEOP . I . D . G . D . LOTH . BA . REX IE † E . C . AURELIANENSIS, et, au bas, la signature: MAVGER . F.; au revers, elle représente un arbre à l'épaisse couronne de feuillage, autour duquel s'enroule un lierre, issant du sol, et a pour légende: TE CRESCENTE SURGAM. Au bas, on lit: L . P . LOTH . NAT . XXVIII . IANV . M.DCCIII. (Cabinet des Méd. I1, 4720). — La 3e présente, au droit, le buste de Marie-Anne d'Autriche et de Charles de Lorraine, avec cette légende: M . ANNA ET CAROLUS, et, au bas: SPONSI; au revers, l'écusson, mi-parti d'Autriche (à droite) et de Lorraine (à gauche), avec un flambeau issant à chacun des deux angles supérieurs et la légende: NEXU ANTIQUO; au bas, on lit: MDCCXLIV . VII IAN.; l'exemplaire en or a 28 mm. de diam. et vaut 3 ducats d'or; l'exemplaire en argent est du même module (Cabinet des Méd. I1, 1281 et 1282).

151) Nous reproduisons une pièce originale qui le prouve; elle nous a été confiée par M. Chapelier, curé de Jeanménil, le savant lotharingiste qui publie en ce moment „*Remiremont*, les saints, le chapitre, la révolution, par l'abbé Didelot". C'est sur cette pièce que se trouve l'empreinte du sceau secret d'Anne-Charlotte, gravé plus haut. „Layette VII. Liasse I, n° 27. En conséquence de L'avis que nous a donné par lettre Dame Marie Thècle de Beauvau, Dame de Remiremont, notre Lieutenante que l'on procederait incessamment en Chapitre a la nomination d'un Sujet capable et propre à remplir la Cure de Lairain vacante par le decès du Sieur Caraudet dernier Titulaire. Suivant les Arrests de Reglemens qui nous maintiennent dans le droit d'être avertie et attendüe pendant quinze Jours, pour la presentation et nomination a tous benefices et d'envoyer nos deux voix en chapitre tant présente qu'absente; a cet effet estant informée du merite du Sr Thiriet, cy devant vicaire à Remiremont, doüé de toutes les qualités requises pour etre un bon Pasteur des Ames et en cette considération, nous avons donnés et donnons par ces présentes nos dittes deux voix audit Sr Thiriet, lesquelles deux voix, nous mandons être Envoyées a Remiremont pour être remises au Chapitre le Jour qu'il sera procédé a ladte nomination et y être enregistrées Sur le Registre capitulaire, en foy de quoy nous avons aux présentes signées de notre main, fait contresigner par notre Conseiller Secretaire et cacheter du cachet de nos armes a Commercy le Trente Mars mil sept cent quarante-quatre ./. Anne Charlotte de lorraine abesse de Remiremont.

„Par Son Altesse Serenissime

L. S. „Rebours"

On trouvera un autre sceau secret d'Anne-Charlotte de plus grand module, à la fin de cette étude. — Nous recevons de M. le Comte de Grunne le dessin du grand-sceau d'Anne-Charlotte, appendu au décret de nomination de Mlle Anne-Marguerite-Ignace de Grunne, à la dignité de grande-aumônière du chapitre, en date de Mons, le 1er juillet 1764. N'étant plus à temps pour faire reproduire ce sceau, nous en voulons au moins donner ici la description exacte. Il est assez bien conservé, quoique un peu effacé à certaines places. Il a 85 mm. de haut sur 77 mm. de large: au milieu sont les armes pleines de Lorraine sur un écusson en losange, supporté par deux aigles couronnées et surmonté de la couronne à 5 fleurons, d'où sort la crosse abbatiale, le tout sur un manteau royal. Autour on lit: SIGILLVM . CELSITVDINIS . . . CARO . . . AE . PRINCIPESSAE A LOTHRINGIA . ABBATISSAE ROMARICI-MONTIS. Le contre-sceau est oval: il a 26 mm. de haut sur 23 mm. de large; c'était le grand sceau de la princesse, à en juger par ses proportions. Le décret même offre ceci de curieux qu'Anne y prend les titres de „Dame et abbesse de Remiremont, coadjutrice des *abbaye* et *principauté* de Thorn et d'Essen . . ."

152) Panégyrique de Madame Anne-Charlotte, par l'abbé Bexon.

153) Guinot, p. 132 et 133.

154) Durival.

volontés, et délivra à l'hôpital le legs qu'elle lui avait fait[155]).

Il nous reste à donner ici le dessin exact d'une médaille très-rare, qui fut frappée en commémoration de la mort et des funérailles d'Anne-Charlotte. Elle existe en deux exemplaires, l'un d'or et l'autre d'argent, au Cabinet des médailles de la Maison Impériale, à Vienne, sans parler d'un exemplaire en réduction, en or et en argent, qui s'y trouve aussi.

Droit.

Revers.

Médaille commémorative de la mort et des funérailles d'Anne-Charlotte de Lorraine[156]).

LXII. Christine de Saxe, † 1782, 19 novembre. Née à Dresde, le 12 février 1735, elle était par sa mère la petite-fille de l'empereur Joseph Ier et la soeur de la dauphine, Marie-Joséphine, mère de Louis XVI, de Louis XVIII et de Charles X. Mise en possession par la mort de sa coadjuvée, elle se préoccupa avant tout d'obtenir et de répandre des bienfaits. Elle distribuait chaque année trois mille livres aux pauvres de Remiremont et donnait cent louis à l'hôpital; sa générosité se traduisait en outre par beaucoup d'aumônes cachées et de dons particuliers[157]). Nous avons dit plus haut qu'elle obtint du Roi de France l'institution d'une décoration destinée à mieux marquer d'une façon visible le haut rang des chanoinesses de son abbaye. Nous savons déjà que les Dames de Remiremont portaient le titre de comtesses[158]). Nous noterons ici que les preuves dites d'ancienne chevalerie y furent rétablies sous la domination française, et que, d'un autre côté, outre la réciprocité des preuves avec les grands chapitres nobles d'Allemagne et d'Alsace, par un accord fait en 1782, cette réciprocité fut convenue entre le chapitre de Remiremont et celui des chanoines-comtes de Lyon. C'est grâce enfin à la haute parenté de Madame Christine avec la maison royale de France, que son abbaye garda le droit de délivrance des prisonniers détenus dans la conciergerie de la Crosse, eut le privilége, qui rappelait le souvenir de son ancienne indépendance souveraine, de se *cotiser* elle-même dans les impositions politiques, et conserva le droit de haute justice sur un nombre considérable de seigneuries, et, à Remiremont (sénéchaussée et dépendances), la haute, moyenne et basse justice, avec l'ordre ancien des instances et l'appel au Parlement[160]). On signale quelques difficultés entre elle et le chapitre, habitué à se gouverner lui-même, sous Anne-Charlotte; mais Christine, „aussi bonne que laide", comme dit une de ses contemporaines et commensales[161]) rétablit la concorde, à l'aide de quelques concessions. Elle habitait rarement l'abbatiale, mais elle ne s'en préoccupa pas moins de la santé publique, et l'on rapporte qu'elle assainit Remiremont et y fit canaliser les eaux croupissantes; on ajoute que cette ville était un séjour gracieux et fort recherché, fréquenté par les plus grands seigneurs de France et d'Allemagne[162]). La princesse-abbesse s'était fait construire à Strasbourg, place des Juifs, au coin de la rue des Charpentiers, un bel hôtel, où elle résidait, lorsqu'elle n'était point à son château de Brumath ou à son palais de Remiremont[163]). Ce fut elle qui, à la tête de sa cour, représenta la maison de Saxe, à la translation, le 20 août 1777, du corps de Maurice de Saxe, du Temple-Neuf à celui de Saint-Thomas, où se trouve encore son magnifique mausolée[164]). Soucieuse de sauvegarder contre l'oubli le passé de son chapitre, elle fit faire, en 1777, un nouvel inventaire des Archives et en fit transcrire les chartes par un savant paléographe, Dom Claude Vuillemin, des Cordeliers de Nancy, qui consacra dix années à ce travail[165]). En 1778, le 31 décembre, l'église conventuelle fut en partie détruite *par la foudre*: dès le lendemain le chapitre n'en continua pas moins l'office au milieu des décombres fumants: les reliques, les châsses, l'orgue, les vases sacrés avaient pu être sauvés[166]). On employa immédiatement six mille livres aux réparations les plus urgentes; puis Louis XVI accorda, dès l'année 1779, un don gracieux de cent quarante mille livres, sur sa cassette: l'église fut rebâtie et le chapitre y fit sa

[155]) Ce legs montait à 45.000 livres de France.

[156]) Cabinet des médailles de la Maison I^{le} (Vienne). Médaille en or (4789), grand module, valant 10 ducats, en argent (4790), même module. Au droit, le buste de l'abbesse, avec le manteau d'hermine, en bas-relief, très-finement dessiné, avec la légende: CAROLINA PRINCEPS LOTHAR . ET BARRI ETC . NATA DIE XVIII . MAII MDCCXIV. et la signature: A. WIDENAR; au revers, un sarcophage copié sur ceux de la Chapelle-Ronde, surmonté d'une urne funéraire: à droite, appuyée sur le marbre, une femme en vêtements de deuil, la couronne murée en tête (Remiremont ou Nancy) se livre à sa douleur; à droite, un ange tient au dessus de l'urne une lampe antique allumée: l'ange même a une flamme au front (La Foi). La légende au dessus est: PATRIAE VTRIQVE SVVM., et au dessous du socle du sarcophage: SPIRITVM COELO VII . NOV . MONT . HAN . CINERES SEPVLCRO AVITO . NANC . XXIII . DEC . 1773 . CAR . FRATRI DESIDERIVM SVI. Au milieu du sarcophage, l'écusson de Lorraine, d'or à la bande de gueules chargée de trois alérions d'argent, entouré de guirlandes. — Médaille d'or, plus petit module, 25 mm. de diam., valeur 2 ducats; le buste, les légendes et le style sont les mêmes; mais la longue inscription au revers est remplacée, faute d'espace, par celle-ci: DECESSIT 7 NOV 1773 . MONT . HANNON. Ces belles médailles sont d'une grande rareté. — Les poinçons de ces médailles, ainsi que ceux du *Médaillier de Lorraine* tout entier, sont à l'Hôtel I^l des Monnaies, à Vienne.

[157]) L'abbé Didelot.

[158]) V. note 11. — Bibliothèque Nationale (Paris), Poncelier de la Roche-Tilhac; Etat des cours de l'Europe, Année 1785, p. 51 et s.

[159]) Ibidem, p. 50 et s.

[160]) Ibidem, p. 51 et s. — Vte de G. La France chevaleresque et chapitrale, Paris, 1785, p. 184.

[161]) Mémoires de la Baronne d'Oberkirch, I, p. 173.

[162]) Guinot, p. 316. — Friry, l. c.

[163]) Mémoires de la Baronne d'Oberkirch, I, p. 160.

[164]) Ibidem, p. 118.

[165]) Cette immense compilation du savant moine était en 26 volumes, dont le plus grand nombre est conservé et a échappé au pillage de 1792.

[166]) Gabriel Didelot. — Il n'en fut pas de même, lors du récent incendie qui endommagea encore une fois l'église de Remiremont, dans la nuit du 7 au 8 juillet 1886. Le feu du ciel détruisit en partie les reliques des saints, sauvées de la profanation révolutionnaire et rendues au culte.

rentrée solennelle, le 13 juin 1781. Christine mourut à Brumath (Alsace), le 19 novembre 1782: son corps fut rapporté à Remiremont, et son coeur placé, dans une boîte en vermeil, à côté de l'autel de la Sainte-Vierge [167]). Les chanoinesses de ce temps là quittèrent souvent leur stalle, pour faire de grands mariages [168]), et la prébende était plus recherchée que jamais; car, ainsi que l'a écrit la chanoinesse protestante, Baronne d'Oberkirch, les chanoinesses avaient tous les agréments possibles, la liberté des femmes mariées, et pas de mari pour les contrecarrer... sans compter la croix et le titre de comtesse [169]).

XXIII. Anne-Charlotte II de Lorraine-Brionne, † 1786, 22 mai, avait été choisie par Christine de Saxe pour coadjutrice, en 1776; elle n'était alors âgée que de vingt ans, mais le Saint-Siége avait accordé les dispenses et fulminé ses bulles. Fille de Louis-Charles de Lorraine-Brionne et de Marie-Louise-Constance de Rohan-Guémenée, elle avait mérité ce choix, non seulement par son haut rang, mais encore par ses vertus, ses qualités rares et les éloges qu'on en faisait de toutes parts, ainsi que s'exprimait le chapitre dans sa supplique au Souverain Pontife [170]). L'abbé Didelot nous a laissé son portrait. „Elle était, dit-il, de moyenne taille et d'une jolie figure. Les traits de son visage étaient fins et bien proportionnés. Elle avait le teint frais et un peu coloré, la chevelure et les yeux noirs et remplis de feu, un caractère ouvert et naïf, un esprit enjoué dans la société et solide pour la vertu. Elle était douée de toutes les grâces dont la jeunesse la plus florissante peut être ornée". C'est un contemporain et un confesseur de la Foi, aux jours de persécution, qui parle. Ses paroles méritaient d'être recueillies. Elle fit à Remiremont son entrée solennelle, le 19 août 1784, accompagnée du comte de Poix, colonel du régiment de Noailles; ce régiment formait son escorte d'honneur et avait joint à son drapeau le vieil étendard de Lorraine. Son abbatiat fut très-court, la phtisie l'emporta, le 22 mai 1786, à Paris, où elle était retournée. Madame Hyacinthe de Landres de Briey, apprébendée en 1731, doyenne depuis 1759, avait administré le chapitre. Nous relevons à cette époque (1786) quarante-huit chanoinesses, sans compter Madame.

[167]) Renault, Journal manuscrit.

[168]) Mém. de le Bne d'Ob., passim. La comtesse Delphine de Rosières-Sorzans, Ch. de Remt, épousa en 1782, le comte de Clermont-Tonnerre; la comtesse Gabrielle de Boisgelin, Ch. de Remt, épousa en 1784, le comte de Gramont; la comtesse Angélique de Messey, alors Ch. de Rémt, fut demandée par le prince-héréditaire de Hesse-Darmstadt, en 1783. Il en était de même dans les autres chapitres.

[169]) Nous citerons ici à titre de preuve de la haute situation des chapitres dont nous nous occupons, ce fait rapporté par Lionnois, H. de N. II, p. 48. Lors de l'inauguration de la statue de Louis XV, sur la Place Royale de Nancy, le 26 novembre 1755, à la réception des grands corps de l'Etat, Lionnois mentionne les députés de la Cour Souveraine, ceux de la Chambre des Comptes, ceux de la Société Royale littéraire (Académie de Stanislas) et les *Chapitres de Dames de Lorraine*. — C'est que, ainsi que le dit Chevrier (H. civ. de L. 1758, II et III) la Lorraine ancienne n'était pas fière seulement de ses *grands-chevaux*; elle l'était aussi à bon droit de ses *quatre demoiselles de Lorraine* (Remiremont, Epinal, Poussay et Bouxières).

[170]) Renault, Journal historique, cité par Guinot, p. 317.

LXIV. Louise-Adélaïde de Bourbon-Condé, († 1824, 10 mars (au monastère du Temple qu'elle avait fondé et dont elle était abbesse, sous l'humble nom de soeur Marie-Joseph de la Miséricorde), fut élue par postulation, au refus de Madame Elisabeth, soeur de Louis XVI, du 4 juin 1786, en août de la même année, à l'unanimité des suffrages, et prit possession par Madame de Mostuejols (apprébendée de 1779), après la réception des bulles de confirmation [171]). Elle était fille de Louis-Joseph, prince

[171]) Les incidents de cette élection sont contés d'une façon charmante dans les Mémoires Intimes ms. sur Remiremont, de Madame la chanoinesse Marie-Antoinette de Messey. Nous en publions le récit: „Remiremont avait perdu son abbesse, Madame de Brionne, jeune et ravissante princesse qui se fut immortalisée dans les souvenirs du Chapitre, si lui-même déjà sur le penchant de sa ruine, il n'eut été bientôt après enseveli sous ses propres décombres. Cependant l'heure de la destruction restait encore dans le secret des temps, et bien peu de personnes soupçonnaient qu'elle pût jamais arriver. L'importante élection d'une nouvelle abbesse était la question d'urgence qui préoccupait les esprits: tous les voeux se réunirent d'abord sur Madame Elisabeth de France, soeur du roi Louis XVI. Cette princesse sembla les agréer avec satisfaction, le Roi lui-même l'y engageait. La promesse qu'elle lui avait faite de ne point le quitter, était ici réservée intacte: il ne s'agissait en effet que d'une absence de quelques jours, une fois seulement; car après avoir pris possession du trône abbatial, elle retournait à Versailles et demeurait entièrement libre de ne point revenir à Remiremont. Enfin l'amour fraternel l'emporta: elle déclara au Roi sa résolution de ne point l'abandonner d'un seul jour. Inséparables dans la vie, comme ils le furent, ô Ciel! dans le supplice de l'échafaud, l'héroïque princesse suivit jusqu'à la mort les traces du roi-martyr. Le refus de Madame Elisabeth avait non seulement affligé le chapitre, mais le jetait encore dans une grande perplexité: l'aliénation de ses droits (je crois au moins savoir qu'il en était une suite) ne lui laissait plus qu'un temps limité pour élire une abbesse, un an et un jour, si je me le rappelle bien, après quoi le droit d'élection faisait retour à la Couronne. La longue indécision où l'on était resté, avait presque conduit au terme fatal. Madame Elisabeth ne pouvait y être indifférente: elle-même, si ma mémoire est fidèle, fit proposer au chapitre d'élire à sa place Madame la princesse Louise de Bourbon-Condé, sa cousine, et répondit de son acceptation... Un jour que je me livrais à mes jeux, dans une salle basse de la maison, chez mon excellente tante de Bielle (Béatrix-Athanase de Messey de Bielle), un courrier s'arrêta devant la porte. Il était porteur d'une lettre du prince de Condé. Ce prince demandait à ma tante, dans les termes les plus flatteurs, d'agréer pour nièce de prébende la Princesse, sa fille. — Il est à observer que, pour devenir abbesse de Remiremont, il était indispensable d'être préalablement apprébendée par une Dame de ce chapitre. — Je ne savais guère de quoi il s'agissait en cette occasion; seulement la vue d'un courrier aux livrées du Prince m'avait apparemment frappée, et je courus avec une joie enfantine l'annoncer à ma tante. Il me semble la voir encore: elle récitait son bréviaire; un signe de sa part me réduisit au silence. J'étais d'ailleurs accoutumée à demeurer ainsi devant elle, au temps de ses offices, et je m'en dédommageais par le plaisir de la contempler en l'admirant... Ma tante était la passion de ma vie. Après qu'elle eut achevé l'office canonial et pris connaissance de la missive du Prince, un de ses gens vint l'avertir que le courrier avait ordre de ne prendre que le repos nécessaire et de repartir aussitôt qu'elle aurait fait réponse. Ma tante, bien que souffrante, se rendit sans délai auprès d'une amie intime, la comtesse de Mostuejols, à qui elle confiait toutes ses pensées; puis elle s'en fit accompagner chez la Dame Doyenne, première dignitaire après l'abbesse. Au bout d'un peu de temps, on entendit résonner la cloche de convocation au chapitre (On appelait aussi de ce nom la salle capitulaire. Les officiers du Chapitre étaient en certains cas, mais non, en celui-ci, autorisés à assister aux délibérations. On y conservait aussi les archives). Toutes les dames s'étant bientôt assemblées, la proposition du Prince reçut un accueil unanime. (Ici la narratrice expose quel sacrifice ce fut pour sa tante d'apprébender la princesse Louise de Bourbon, car elle faisait de celle-ci l'héritière de sa prébende

de Condé, et de Godefride-Charlotte de Rohan-Soubise. Cette élection était un acte de gratitude envers la Maison de France, qui venait de relever de ses ruines l'église capitulaire. Louise de Bourbon fit son entrée solennelle, le 1er août 1787, visita l'hôpital, fit de grandes aumônes aux pauvres, de riches offrandes à l'église, veilla à la régularité et à la magnificence des offices, donnant elle-même l'exemple de la plus parfaite exactitude, en remplissant toutes les obligations de sa haute dignité.

Lors de la convocation des Etats-Généraux, Louis Renault, chanoine et écolâtre, représenta le chapitre à la réunion préliminaire à Mirecourt, et prit part à la rédaction des cahiers, dont le clergé de la province avait chargé un homme éminent de la Cour souveraine de Lorraine; l'abbesse émigra pour aller rejoindre son père, dans les Pays-Bas; le chapitre se dispersa, après avoir encore jeté les fondements, en 1789, d'une nouvelle tour de son église, dont la première pierre fut posée le 7 octobre de cette même année. Ce fut Madame de Monspey, nommée doyenne, en remplacement de Madame Hyacinthe de Briey, qui venait de mourir, qui eut le triste honneur de recevoir, le 7 décembre 1790, les municipaux chargés de signifier au chapitre la loi de suppression de toutes les collégiales et de tous les ordres religieux en France. La signification, brutalement faite par les agents des nouvelles couches, en plein choeur, pendant l'office de Saint-Romaric, interrompit les hymnes pieuses. La Doyenne lut, en réponse à cette signification, la protestation du chapitre; mais les municipaux ne s'arrêtaient pas à de tels détails. Ils mirent dans leur poche les clefs du Trésor et placèrent sous scellés tous les objets du culte.

Le Roi avait sanctionné la loi, dans un de ces moments de faiblesse qui le diminuent sans justifier ses bourreaux.

Tous les bienfaits du chapitre étaient oubliés et l'oeuvre de la violence était accomplie sans retour. Mais ce n'était pas assez: le 15 juillet 1791, les sépultures du chapitre furent dévastées; le 9 janvier 1792, le choeur de la grande église fut mutilé à coups de hache; en 1793, l'église paroissiale fut renversée, les chapelles souterraines de l'église capitulaire furent violées, les sépulcres ouverts et les ossements d'Eugibald dispersés. Les archives furent brûlées en grande partie, les châsses furent dépouillées de leurs ornements [172]. C'était l'orgie de l'ingratitude, menée par des hommes comblés des bienfaits du chapitre et même par quelques-uns de ses principaux officiers. L'échafaud fit aussi sa sanglante besogne: n'était-ce pas alors le lit d'honneur des pieux, des nobles et des honnêtes gens [173]?

au préjudice de sa nièce du sang, puis elle ajoute.) En face de ces considérations (d'urgence), l'esprit de corps et la haute raison de ma tante l'eurent bientôt décidée. Elle se retira, pour écrire au Prince de Condé une lettre de remerciement du choix qu'il avait fait d'elle, et lui annoncer qu'elle s'honorait avec tout le chapitre d'avoir pour abbesse, Madame Louise de Condé ... Elle chargea Madame de Mostuejols de la représenter à la cérémonie de l'apprébendement ... Puis, lors de l'arrivée de la Princesse, elle avait dû se porter au devant d'elle, accompagnée d'une députation du chapitre, puis la revêtir du manteau de choeur et placer sur sa tête le couvre-chef, insigne de sa dignité. C'était sous ces attributs que l'Abbesse devait faire son entrée, avant son intronisation. Le séjour du Prince fut une fête continuelle. Remiremont y rappelait trop bien l'éclat de ces météores qui brillent une dernière fois à nos yeux, disparaissent et ne viendront plus les éblouir ...“ — La parenté des Ligniville-Messey avec les Condé explique mieux encore ce récit. Les Ligniville descendent des Condé par les Bouzey, et, d'un autre côté, ainsi que nous l'apprend le *Plutarque Français*, le grand Condé avait pour trisaïeule Renée de Ligniville, fille de Ferry de Ligniville et de Marie de Choiseul.

III.

ABBAYE IMMÉDIATE, INSIGNE, COLLÉGIALE ET SÉCULIÈRE DE SAINT-GOËRY D'EPINAL, SES ABBESSES, NOTICE HISTORIQUE.

L'organisation était la même qu'à Remiremont, à la différence près de la puissance politique et de la richesse prébendaire. Son fondateur fut Adalbéron II, évêque de Metz, successeur immédiat de Thiéry Ier, ou même Thiéry Ier, en 970, selon l'Almanach-officiel de Lorraine et Barrois, de 1788, et selon Poncelin de la Roche-Tilhac, Etat des cours de l'Europe, Année 1785, p. 38 [174]. Elle était com-

[172]) Gabriel Didelot, l. c. — (*Didelot, Remiremont*), p. 422 et 542—547. Des chanoinesses qui n'avaient pas émigré, furent arrêtées le 4 août 1793 et incarcérées à l'Abbaye de Remiremont. Ce fut Madame Louise de Monspey, doyenne, Mesdames Pauline de Monspey d'Arma, Thérèse de Schauvenbourg, Madelaine de Lentilhac de Gimel, aumônière, Anselmine de Voëhlin, Françoise de la Tour, censière. Elles furent soumises au plus dur traitement. Le 9 thermidor (27 juillet 1794), elles furent élargies avec 389 autres prisonniers qui avaient échappé à l'échafaud en permanence à Mirecourt. Parmi les Dames restées au chapitre, nous trouvons encore dans la liste des suspects, dressée du 5 avril au 5 juin 1793: Mesdames Marguerite de Messey de Vingle, Marie de la Tour de Jandelis, dame de la Fabrique, Claire de la Tour d'Hazéville, Reine-Aimée de Monspey de Oury, Marie-Louise de Monspey de Vallières, Pétronille de Messey de Sandrecourt (Les Mém. Int. ms. de M.-A. de Messey nous apprennent d'un autre côté, que Madame de Messey de Vingles erra pendant dix-huit mois dans les bois, sans autre nourriture que celle que lui portait Mademoiselle Dénicourt, fille d'un digne magistrat de Luxeuil). La liste des émigrés de la même date, très-inexacte d'ailleurs, porte Mesdames Claudine de Rinck, dame du Sceau, Annette de Ferrette, secrète, Marie-Louise-Charlotte de Vangen-Vangenbourg, grande-aumônière, de Berg-Hohenzollern, Louise de Raigecourt, boursière, Anne de Raigecourt de Gournay, Balbine de Schoenau, Marie-Anne-Henriette-Valburge de Saazen et Catherine-Charlotte-Alexandrine de Saint-Mauris. La liste officielle du chapitre, en 1789, comprenait 54 dames dignitaires et chanoinesses. — N'en déplaise à Guinot (Et. h. sur l'abb. de Rem. p. 323), qui place parmi les chanoinesses de cette abbaye, la soeur de l'illustre Châteaubriand. Lucile fut chanoinesse-comtesse de Notre-Dame-de-Coyse en l'Argentière, chapitre noble du diocèse de Lyon, soumis aux preuves de la cour, et n'appartint pas à celui de Saint-Pierre de Remiremont (La Fr. Chev. et Chap. en 1785, p. 161).

[173]) Nous noterons ici deux faits, à l'honneur des habitants de Remiremont. En 1818, la ville, s'associant à la douleur de sa dernière abbesse, prit le deuil à la mort du prince de Condé (Guinot) op. c. 364). En 1816, les habitants avaient déjà adressé à ce prince une pétition collective, en le suppliant de rétablir le chapitre et de devenir pour eux, disaient-ils, un autre Romaric (Mém. Int. de M.-A. de Messey).

[174]) Dom Calmet, Notice de la Lorraine, 1756, I, p. 384 et s., complété et corrigé d'après les titres originaux des Archives d'Epinal, indiqués par le mot Arch. (Histoire de Lorraine, 1e Edition, III, p. CXV, Prélim. et s., Liste des abbesses). — La France chevaleresque et chapitrale, p. 155 et s. — „La fondation du chapitre d'Epinal „de nul diocèse et en celuy de Toul“ remonte à la fondation de la ville elle-

posée d'une abbesse, d'une doyenne, d'une secrète, de quatre dames chantres et de quatorze chanoinesses [175]). On ignore

Armes de l'abbaye [176]).

l'époque de la sécularisation; mais, dès 1294, Conrad, évêque de Toul, ayant entrepris de les ramener à l'état monastique régulier, ces Dames lui firent signifier que, bien qu'elles vécussent religieusement dans leur monastère, qu'elles célébrassent *louablement* l'office divin et qu'on les qualifiât de l'Ordre de Saint-Benoît, cependant ni elles, ni leurs prédécessrices n'avaient porté l'habit de cet ordre et n'avaient adopté cette règle, ni aucune autre; que, dès le temps de leur institution, elles avaient possédé des prébendes et joui de leurs biens propres [177]). En 1092, Gilbert de Ville, se chargea de la défense de l'abbaye contre les malandrins, à la condition que l'Abbesse lui accorderait l'avocatie ou vouerie de Saint-Ferréol et qu'il porterait le titre de Chevalier de Saint-Goëry; Etienne de Bar, évêque de Metz, donna, au XIIe siècle, la vouerie d'Epinal à Mathieu Ier, duc de Lorraine; mais elle ne passa pas à ses successeurs: ce même Mathieu la rendit à son fils, Thierry IV, évêque de Metz, en 1171. Les évêques de Metz la donnèrent ensuite librement à des seigneurs du pays, et, par exemple, en 1486; Nicolas d'Anglure la céda au duc Antoine, en 1510; Liébaut d'Anglure en avait fait hommage à Henri de Lorraine, évêque de Metz, en 1486. Il faut citer aussi les Lettres de sauvegarde de Charles VII, roi de France [178]), ainsi que celles de plusieurs empereurs, et les bulles des papes confirmant et renouvelant les priviléges du chapitre insigne; les nombreuses Lettres patentes des ducs de Lorraine; la réunion effective de la ville d'Epinal à la Lorraine, le 21 juillet 1466, le serment de foi et hommage de l'abbaye insigne, en l'église de Saint-Goëry, le 21 et le 22 juillet 1466. Les pièces relatives à un vif conflit, au sujet de la réforme, et le jugement définitif de la Cour de Rome, du 5 juillet 1628, qui maintient le chapitre dans l'immédiateté et la sécularité; la copie du règlement du chapitre fait par le roi Stanislas, en son Conseil, à Lunéville, le 15 mai 1761, lequel comprend 694 articles; la relation de la visite au chapitre de Mesdames de France, en 1773; l'affranchissement de toutes réserves apostoliques de l'église insigne, réitéré en 1789; voilà ce qui a attiré notre attention, aux Archives d'Epinal (Série G, à côté de documents relatifs aux *preuves* dont nous nous occuperons plus loin. Le

---

même, c'est à dire au Xe siècle. Ce fut Thierry de Hamelant, évêque de Metz, qui, vers 970, fonda dans le *pagus Calvomontensis*, près de l'une de ses résidences épiscopales, appelée *Spinal*, un monastère de femmes, sous l'invocation des saints Maurice et Goery et sous la règle de Saint-Benoît . . . . Dès 983, nous voyons l'empereur Othon II confirmer sa fondation: en 1003, c'est l'empereur Henri II qui le prend sous sa protection et le dote de biens considérables" (Arch. d'Epinal. — Bibliothèque d'Epinal, mss., diplôme original de Henri-le-Saint. — Duhamel, Les Ch. n. de L., p. 2).

[175]) L'abbesse était élue par les dames capitulantes, et son élection était confirmée par le pape; elle pouvait, du consentement du chapitre, se choisir pour coadjutrice une Dame du Corps. La doyenne était élue par les dames capitulantes, sans la participation de l'abbesse, qui nommait seule à la dignité de secrète, de deux fois l'une, et conjointement et capitulairement, à la pluralité des suffrages, la seconde fois (Arch. d'Epinal, G 147). — Voici la formule du serment prêté par les dames abbesses, lors de leur élection, en chapitre, devant le portail de l'église et devant le grand autel: „Je N. esleue abbesse de l'eglise collegiatte Saint-Goery d'Epinal, promect et jure que je garderay, entretiendray et observeray, feray entretenir et observer à mon loyal pouvoir, le cours de mon abbatissat, les ordonnances, franchises, libertez, usages et priviléges anciens de nostre église, sans aller ou faire aller au contraire en manière que ce soit; que tantost après que je serai sommée et requise et que le temps sera convenable, je renouvelleray la separation des biens et fruictz despendants d'icelle; que je feray l'ordonnance des prebendes, selon l'usage ancien et accompliray les articles proposez en la forme et manière qu'ilz m'ont esté déclairez sans difficulté ou contradictions quelconques". Lorsque Madame était sur son siége, la doyenne lui adressait en outre la mercuriale suivante: „Madame, les dames, vos predecessoresses, prenant possession de ceste esglise, ont toujours promis de favoriser, cherir et aymer les dames de ceste esglise, nous vous prions d'en faire de même“.

[176]) Nous donnons ici les armes exactes des „Religieuses chanoinesses de l'Abbaye de Saint-Goery d'Espinal“, dessinées à la Bibliothèque Nationale, à Paris, Section des manuscrits, d'après l'Armorial Général (officiel) ms. de 1696, Fol. 325. La plupart des héraldistes ont confondu jusqu'ici avec le blason du chapitre noble les armes de la ville ou celles de la famille d'Espinal. Nous y avons ajouté, d'après la qualification et l'usage ultérieurs, la crosse abbatiale et la décoration des chanoinesses.

[177]) En 1051, la nouvelle église du monastère fut consacrée par Saint Léon (Chartes de Pilon, évêque de Toul, du 10 octobre 1090, et de Ricuin, évêque de Toul, du 30 mai 1119), et des privilèges semblables à ceux de Remiremont lui furent accordés par cet illustre prélat. (Duhamel, l. c. p. 266 et s. — Arch. d'Epinal, cartul. du chap. et inventaire de 1779 par Maugard, G. 106).

[178]) Arch. d'Epinal, Cartul. de l'Insigne Chapitre d'Epinal, Mss. de la ville, A. A. 1.

Lettre de sauvegarde de septembre 1444. „Charles, par la grâce de Dieu, Roy de France . . Come doncques l'Eglise de Sainct-Goery de nostre ville et lieu d'Espinal, de l'ordre de Sainct-Benoist, soit belle, notable de grant et ancienne fondation bien et louablement desservie de grant quantité de religieuses, bonnes et devotes . . . sçavoir faisons à tous que, pour consideration de ce que dict est et meismement en faveur dudit divin sacrifice et aussi inclinant favorablement a la dicte supplication et requeste de nos chiéres et bien amées les dictes religieuses, c'est assavoir, l'abbesse et chapitre de la devant dicte Eglise de Sainct-Goery de nostre dit lieu d'Espinal, avons icelles religieuses presentes et avenir et celles qui leur succederont en icelle eglise tant en chief comme en membre, leurs chanoines, chapelains et autres personnes de la dicte eglise et aussi tous leurs autres gens, officiers, familiers, subjects, hommes et femmes de corps, se aucuns en ont, terres lieux, maisons, metayeries, granges, habitations, bois, prés, rivières, cens, rentes, dismes, possessions, biens et choses quelconques prins et mis prenons et mectons par ces presentes en et sous nostre speciale protection et sauvegarde à la conservation de leurs droits et sans préjudice des nostres . . . Donné au dit lieu d'Espinal, ou mois de septembre mil quatre cent quarante quatre et de nostre reigne le vingt deuxieme.“

chapitre était essentiellemennt aristocratique: dès les temps anciens, il fallut faire preuve d'au moins seize quartiers de noblesse d'épée[179]). Dès le XVIII° siècle, les chanoinesses eurent elles aussi le titre de comtesses et de tout temps celui de dames. Elles avaient les droits féodaux, et même le droit de plaid et de champ, et elles battirent monnaie: Jules Laurent, dans son étude sur les *Ateliers monétaires*, décrit et reproduit, sous les Numéros 33, 34 et 35, trois deniers d'argent, du poids de 0,61 et 0,60 (Collection du musée dép[l] des Vosges), portant au droit: † SPINAL entourant un édifice pentastyle, élevé sur deux marches et couronné d'un fronton curviligne; au revers: † S GEVRIC, entre deux grènetis, et, dans le champ, une croix formée de quatre balustres reliés par un globule et cantonnée de deux croissants et de deux besants, qu'il attribue avec raison au chapitre. Elles eurent bien avant les chanoinesses de Remiremont une décoration de chevalerie, dont nous donnons ici le dessin.

Croix de chanoinesse d'Epinal, au droit[180]).

Cette croix se portait à un large ruban bleu, allant de l'épaule droite au côté gauche. La croix même est étoilée et à huit pointes terminées par des globules: elle est sans émail; mais l'or est alternativement mat et brillant, afin de produire une certaine opposition dans les tons. Le médaillon central est de forme légèrement ovale. Il offre, au droit, l'image de la Saint-Vierge, tenant l'Enfant-Jésus sur le bras gauche, et un sceptre de l'autre côté. Le revers représente Saint-Goëry, évêque de Metz et patron du chapitre, coiffé de la mitre et ayant, contrairement à l'usage, la crosse dans la main droite. Au sommet de la croix, est une bélière qui reçoit l'anneau allongé où l'on passait le ruban. L'habit de choeur était le même qu'à Remiremont; l'Abbesse avait seule l'hermine mouchetée, tandis que les dames chanoinesses l'avaient toute blanche. L'institution des nièces était la même, ainsi que l'élection des dignitaires et l'apprébendement.

179) Dom Calmet, H. de L. III, p. CXVII. — V. au Chapitre des preuves.

180) D'après A. Digot, *Les Décorations des Chapitres de Lorraine*, p. 30. — L'auteur de cet opuscule place la création de cette décoration entre 1774 et 1780. La grossièreté du modèle aurait dû lui révéler une époque antérieure. Dom Calmet dit du reste formellement dans son H. de Lorraine, I[e] Edition qui s'arrête à 1719, III, p. CXV, que c'est l'abbesse Charlotte-Marguerite de Lénoncourt (1645—1698) qui introduisit cette espèce d'ordre de chevalerie que portent les Dames d'Epinal. Comment un texte aussi précis a-t-il pu échapper au savant A. Digot? — Duhamel ne s'y est pas trompé. Le fait est enregistré du reste à *l'Inventaire de 1779* (Arch. d'Epinal).

Abbesses.

I. Diciburhis ou Diburche, de l'origine de l'abbaye à 1003[181]).

II. Adeléide, en 1090.

III. Haceca, en 1128.

IV. Berthe, en 1140[182]).

V. Hozca, en 1173. Elle avait quatorze religieuses composant son chapitre et cinq chapelains pour les desservir.

VI. Aciche, en 1180.

VII. Sybille ou Sibile, qui vivait en 1184 et 1198 (en 1184, Arch.). Elle fonda les chanoines desservant l'église d'Epinal[183]).

VIII. Hadey, dénommée dans un titre de Foulques-de-Ville sur Illon, scellé par Scherus, abbé de Chaumousey, en 1235.

IX. Agnès, en 1280 (Arch.).

X. Clémence d'Autrey, en 1291, elle vivait encore en 1325 (en 1350, et dès 1274, Arch.).

XI. Aleix, en 1319 (Arch.).

XII. Villeminette de Ville, en 1340 et 1373 (Guillemette de Ville, en 1357, Arch.).

XIII. Adeline de Menous, en 1370 (Arch.).

XIV. Jeanne d'Ogéviller, en 1373 et 1384 (Jeanne d'Angeville, en 1380, Arch.).

XV. Catherine de Blâmont, en 1384 et 1404, élue abbesse de Remiremont, en 1404, et morte en 1408. Elle prend encore le titre d'abbesse d'Epinal, en 408; elles est morte le vj des ides d'août (En 1393, Arch.).

XVI. Marguerite de Contre-église, en 1404 (de Contrenglisa, en 1404, Arch.).

XVII. Jeanne d'Almoncourt, en 1420 (en 1419, Arch.).

XVIII. Walburge-Catherine de Blâmont, en 1420 et 1439 (Walbourg de Blâmont, en 1423, Arch.).

XIX. Alix d'Almoncourt, de 1440 à 1460, morte le 4 septembre (en 1439, Arch.).

XX. Adelinde de Menoux, de 1460 à 1484 (Adeline, en 1460, Arch.).

181) D. C. I, p. 564, preuves, Privilége de l'empereur Henri II. — Diplôme du 20 octobre 1003, Orig. Biblioth. d'Epinal. mss.

182) D. C. morte le 13 janvier, Nécrologe de Remiremont. — Arch.

183) D. C. II, p. ccclxxxix. Bulles de Lucius III.

XXI. Nicole de Domp-Martin, de 1484 à 1528. Elle fut élue abbesse de Remiremont en 1528 (1521 Arch.) et choisit pour coadjutrice Alix de Domp-Martin[184]) (Nicole de Domp-Martin, 1493—1529, Arch.).

XXII. Alix de Domp-Martin, de 1528 à sa mort, en 1558 (Alix de Dommartin, 1528, Arch.).

XXIII. Jolande de Bassompierre, de 1558 à 1621. Elle fonda les minimes d'Epinal. Elle fut apprébendée, en 1540, reçue abbesse, en 1558, et mourut le 11 avril 1621 (Yolande de Bassompierre, en 1558, 1582, 1617—1619, Arch.). Elle avait choisi pour coadjutrice:

XXIV. Claude de Bassompierre de Cussigny, sa nièce, apprébendée à l'âge de deux ans, abbesse de 1621 à 1635, morte le 1er novembre 1635, à l'âge de 66 ans (Claude de Cussigny, en 1621, Arch.).

XXV. Marguerite de Bassompierre, fille de Georges African de Bassompierre, grand-écuyer de Lorraine, et de Henriette de Tornielle, de 1635 à 1639; elle se maria en 1639, après s'être démise (1635—1639, Arch.).

XXVI. Catherine de Livron de Bourbonne, de 1639 au 25 octobre 1645 (Item, Arch.).

XXVII. Charlotte-Marguerite de Lénoncourt, élue en 1645, morte à Noël 1698. C'est elle qui introduisit l'ordre de chevalerie dont nous venons de reproduire le dessin.

XXVIII. Félicité d'Hunolstein (dite d'Aremberg, Arch.), élue en 1699, morte en 1719.

XXIX. Anne-Elizabeth, comtesse de Ludres, élue le 24 février 1719.

XXX. Louise-Eugénie de Beauvau de Craon, en 1728 (Arch.).

XXXI. Gabrielle, marquise de Spada, 1757, 1763 (Arch.), 1785 (Poncelier de la Roche-Tilhac), 1735 — 1784 (Duhamel).

XXXII. Marie - Louise - Victoire Le Bacle, comtesse d'Argenteuil, 1784—1785 (Duhamel).

XXXIII. N*, Marquise d'Estourmel, 1785—1788 (Poncelin de la Roche-Tilhac).

XXXIV. Elisabeth-Charlotte de Gourcy, 1788—1790, dernière abbesse (Almanach de Lorraine et Barrois), 1785 à 1790 (Duhamel).

La Bibliothèque d'Epinal conserve un Evangéliaire, donné à l'abbaye, en 1051, par le pape Saint Léon. Ce précieux monument, écrit sur vélin pourpre, en lettres d'argent, était celui sur lequel prêtaient serment les défenseurs du chapitre et les chevaliers jurés (preuves). Il appartient au XIe siècle[185]).

Les archives n'offrent plus que des bribes du passé et des documents incomplets[186]); aussi sera-t-il intéressant de mentionner ici un compte capitulaire de 1552, qui commence ainsi: „En l'hôtel de vénérende dame Isabeau d'Orchamps, secrette de l'église M. Saint-Goëry d'Epinal, en présence de Mesdames Claudine de Montchâtel, Claudine de Raimont, Marguerite d'Albonne, Philippe de Thuillieres religieuses de cette église; en présence de venerable et discrette persônne messire Nicolas de Hannoy, gouverneur, de vénérende dame madame Alix de Dommartin, par la permission divine, humble abbesse de ladite église...“, et les deux épitaphes, ainsi que le mausolée de dames d'Epinal qu'on voyait avant la Terreur dans l'église et le cloître de l'abbaye. Le mausolée représentait en habit de choeur l'abbesse Nicole de Dommartin, morte le 18 octobre 1529. La première épitaphe était celle de Madame Claude de Gramont, doyenne, morte le 4 février 1579, et la seconde celle de Madame Philippe de Thuillières, morte aussi doyenne, le 26 mai 1607. Jusqu'à la dernière heure du chapitre, les listes de ses dignitaires et de ses prébendaires nous présentent les noms des filles de la noblesse la plus haute et la plus incontestée.

IV.

Abbaye immédiate, insigne, collégiale et séculière de Sainte-Menne de Poussay, ses abbesses, notice historique.

Les archéologues déplorent la perte à peu près totale des titres de ce chapitre noble, et nous sommes tenu de nous en rapporter à peu près aux rares documents imprimés ou aux notices des chroniqueurs. Cependant les archives d'Epinal nous ont livré quelques liasses (G. 220—G. 229), où nous puiserons des renseignements inédits; la Bibliothèque Mazarine, à Paris, nous a donné les armes; les Archives Nationales nous fournissent (Collection de Lorraine, vol. 287, mss. *Abbayes*, 7, P. R. fos 1—7) les actes d'un échange propre à augmenter les revenus du chapitre (1707), et (*Section Administrative* G. 8/2498) les pièces relatives à la suppression du chapitre de Bourmont et à la réunion de ses biens à celui de Poussay (1761—1762). Nous avons fait nous-même des copies au-

[184]) V. plus haut les abbesses de Remiremont, parmi lesquelles nous n'avons pu la classer; nous n'avons trouvé qu'une Agnès de Dommartin (1505—1513).

[185]) Catalogue de la Bibl. d'Epinal, par Cocheris, description. — V. Duhamel, l. c. p. 267 et s.

[186]) On lit dans Duhamel, op. c. „Le dépôt des Vosges, qui possède plus de 150 mille pièces concernant le chapitre de Remiremont, ne contient pas un seul des arbres de lignes des chanoinesses (Nous avons retrouvé ailleurs le cartulaire Marquis). Tous ces titres précieux pont été brûlés au Champ-de-Mars, à Epinal, et on peut lire le procès verbal de cet acte de vandalisme dans les registres du Directoire du épartement des Vosges. Le même jour vit anéantir aussi les arbres de lignes, les titres généalogiques, les preuves de noblesse, qui avaient été trouvés dans les archives du chapitre de Saint-Goery (Il a été sauvé cependant entre autres un précieux inventaire de 1779)“.

thentiques de bulles de confirmation, de procès-verbal détaillé d'un apprébendement, etc., qui sont de véritables trouvailles inédites. C'est là le fruit d'un long et pénible travail de recherches opiniâtres[187]).

Armes de l'abbaye[188]).

Le chapitre, commencé par Bertholde, évêque de Toul, fut achevé en 1043, par Brunon, son successeur, plus tard pape, sous le nom de Léon IX (Saint Léon). Il était composé d'une abbesse, d'une doyenne, d'une secrète et de quatorze chanoinesses. Madame l'abbesse était élue au scrutin et confirmée par bulles, ainsi que le choix d'une coadjutrice, fait par l'abbesse dans la compagnie, avec l'agrément du chapitre. La noblesse chevaleresque avait seule accès aux stalles et prébendes capitulaires[189]). Chaque Dame pouvait présenter une coadjutrice ou dame-nièce, qui lui succédait, à sa mort ou à sa démission. Il n'y avait pas de voeux: les prébendes se donnaient au tour; l'évêque de Toul avait la nomination à une prébende et la Dame abbesse celle à la première prébende vacante après son élection (prébende de la crosse). On ne pouvait présenter une dame-nièce, avant l'âge de sept ans; la nomination à la prébende déjà conférée retournait, au cas de mort ou de démission de la dame-nièce, à la dame-tante. Le chapitre jouissait du droit de *committimus* aux requêtes du palais, pour les affaires communes, et les abbesses et doyennes pour leurs affaires particulières[190]). L'abbaye fut d'abord régulière, comme ses congénères: elle fut confirmée dans ses privilèges et augmentée de biens considérables par bulle de Léon IX, d'octobre 1051[191]). Le saint pape y rappelle la fondation du monastère par Bertholde et l'achèvement de l'oeuvre par lui-même, peu après qu'il fût élu évêque du diocèse des Leuques (Toul), „qu'il y plaça de saintes religieuses pour y célébrer les louanges du Seigneur et consacra le monastère, sous l'invocation de la glorieuse Vierge Marie, mère de Dieu, comme aussi sous l'invocation de la bienheureuse Sainte-Menne, vierge ineffable, dont le corps repose dans l'église"[192]). Cette bulle mentionne la concession de manses et de terres, biens et redevances, puis règle la direction intérieure du chapitre. Celui-ci eut plus tard les haute, moyenne et basse justices de Poussay, ce qui donnait à l'abbesse le droit de tenir les plaids annaux et de créer les officiers de justice[193]). D'après l'état estimatif des revenus et charges de l'abbaye[194]), le total des revenus de l'ancienne dotation était évalué, en 1790, à 38.315 livres, et celui de la dotation nouvelle, provenant de la réunion des biens de l'ancienne maison de Bourmont au chapitre, à 33.886 livres en rentes et revenus seigneuriaux[195]). De nombreuses fondations furent faites au chapitre par des dames abbesses, doyennes et chanoinesses (1600—1787); celui-ci avait le droit de patronat sur un grand nombre de cures[196]).

En 1217, Thiébaut Ier, duc de Lorraine, déclare par Lettres patentes, datées de Dampierre, qu'il prend l'abbaye de *Portus Suavis* sous sa protection; il répète cette déclaration, en 1220 et 1225. Depuis 1331, „ceux de Poursas" ont à payer annuellement une redevance, au profit du roi de France; puis ils en sont affranchis, sur les remontrances de Raoul, duc de Lorraine. D'autres Lettres patentes des ducs Ferry II, Ferry III, Jean Ier, René d'Anjou, Jean,

[187]) Il existe encore à Paris — mais où, c'est là la question — un dossier précieux relatif à Poussay; car le compte de 1790 (Arch. d'Epinal, G. 229) porte aux dépenses: 100 livres pour copie de 28 titres originaux pour être envoyés à l'Assemblée nationale, afin d'obtenir la conservation du chapitre. Nous avons fait inutilement compulser à la Bilblioth.-Nle, aux Arch. Nles, à l'Arsenal, à la Mazarine, à l'Institut, à Sainte-Geneviève, et les recherches se sont poursuivies sans résultat à la Bibl. et aux Arch. de l'Assemblée nationale, où bien des manuscrits précieux sont enfouis.

[188]) Les armes que nous donnons sont la copie fidèle de celles qui se trouvent sur un manuscrit très-ancien de la Bibliothèque Mazarine, à Paris, et que nous avons découvertes, après de longues recherches: ce sont des armes parlantes; en effet Poussay fut nommée en latin *Portus suavis*, et en langue romane *Port-Sas*, d'où par altération Poursay et Poussay en patois lorrain. Il y a aussi dans cette porte d'abbaye, de sinople sur champ d'or, un jeu de mots héraldique, comme on en trouve tant dans les blasons anciens: la porte est ici pour le port; *porta* pour *portus*. Nous y avons ajouté, d'après un dessin du XVIIIe siècle, la crosse et la décoration indiquant le pouvoir abbatial et le titre de comtesse des chanoinesses. Le sceau authentique du chapitre que nous reproduirons plus loin, d'après l'empreinte originale sur un titre du 18 février 1735, est dans le même style que les armes ci-dessus. On lit dans P. de la Roche-Tilhac, Etat des cours de l'Europe, années 1785 et s., et, dans Vte de G. La France chevaleresque et chapitrale, 1785, Poussey et non Poussay, forme plus lorraine et plus conforme à la prononciation ancienne.

[189]) V. au Chapitre des *preuves*.

[190]) Dom Calmet. — P. de la Roche-Tilhac. — La France Ch. et C. — Emile Gaspard (Société d'arch., 1871).

[191]) Dom Calmet, H. de L. Ie édit: I, pr. col. 432. — Documents pour servir à l'histoire des Vosges, I. — Gall. christ. XIII, Col. 1097.

[192]) C'est alors (1051) que Léon IX consacra l'église de Poussay, comme il avait consacré celles de Remiremont et d'Epinal, et qu'il fit présent à l'abbesse de l'Evangéliaire que nous décrirons plus loin et qui fut conservé précieusement dans le trésor de l'abbaye, ainsi que d'un ciboire d'or et d'un amict en soie violette, dont il s'était servi pour les cérémonies de la consécration (Duhamel, l. c. p. 268). Le corps de Sainte Menne fut transféré à Poussay, le 15 mai 1026, ainsi que l'établit du reste une pierre commémorative, provenant de l'église complétement démolie en 1793, ainsi que l'abbatiale et presque toutes les maisons canoniales, et qui se trouve scellée dans la muraille d'une petite chapelle érigée entre Poussay et Puzieux, en l'honneur de Sainte Menne (Gaspard, l. c.), autrefois sur le territoire du chapitre de Remiremont (Arch. d'Epinal, G. 227).

[193]) Arch. d'Epinal (1784).

[194]) Ibidem (1789—1790).

[195]) Ibidem.

[196]) Ibidem.

son fils, et René II [197]), établissent que les ducs furent longtemps les voués de l'abbaye[198]). Dom Calmet fixe la sécularisation, à environ 300 ans avant l'époque où il écrit, c'est à dire vers 1425[199]), et le P. Hélyot, à peu près à la même époque. La régularité était si peu conciliable avec le caractère que ces monastères prirent peu à peu, de retraites sûres et honorables, où, sans s'asteindre à des voeux monastiques, sans se livrer à des exercices rigoureux, les filles nobles, déshéritées par les lois féodales, trouvaient les traditions d'une existence à la fois pieuse et aristocratique, dans la société de leurs égales! Claude d'Anglure voulut en 1578, ramener son chapitre à sa règle primitive; mais Charles III, duc de Lorraine, prit le parti des chanoinesses et rendit un édit en leur faveur. Claude d'Anglure en appela au cardinal de Vaudémont, évêque de Toul: les chanoinesses invoquèrent la prescription et trouvèrent dans le cardinal un protecteur, qui modifia quelques points de leur règlement, mais les maintint dans l'état séculier, par sentence du 28 avril 1582; Madame recourut en cour de Rome, mais sa mort, survenue en 1586, mit fin au procès en cours. Elle avait choisi pour coadjutrice, Edmonde d'Amoncourt, doyenne d'Epinal; mais dans la crainte que celle-ci ne voulût poursuivre l'oeuvre de réforme, les chanoinesses déclarèrent entaché de nullité le choix d'Edmonde d'Amoncourt et obtinrent du cardinal de Vaudémont, l'approbation de Françoise du Châtelet qu'elles avaient élue. Charles III confirma aussi cette élection, et la mort de Françoise arrêta un nouveau conflit en cour de Rome. L'acte du légat-diocésain, du 28 avril 1582, est le titre officiel de la sécularisation. La guerre, la peste[200]), les incursions armées dispersèrent le chapitre. Madame la comtesse Louise de Chauvirey — dame la plus ancienne de l'église de Sainte-Menne de Poursas — s'éloigna la dernière, vers 1643; puis le chapitre se reconstitua en peu de temps. Les registres de l'état civil, conservés à Poussay, constatent plusieurs promesses de fiançailles entre des chanoinesses et des grands seigneurs, et il faut bien reconnaître que la vie mondaine et l'élégance des chanoinesses prêtèrent à la critique, que les visites fréquentes de Charles IV, attiré par la beauté de la jeune chanoinesse Isabelle, comtesse de Ludres, et ses fiançailles irrégulières avec elle, par le curé de Richarménil, donnèrent lieu à des commentaires défavorables aux Ludres et au chapitre[201]). On ne peut toutefois reprocher aux chanoinesses ni scandales, ni actes équivoques au point de vue des moeurs. Leurs oeuvres de charité, leurs pieuses fondations, leurs érections d'écoles, etc. sont des faits que l'on ne peut au contraire contester, ni mettre en oubli[202]).

Les chanoinesses n'avaient pas de costume spécial, après leur sécularisation: elles portaient au choeur une robe montante de soie noire et par dessus un manteau d'étamine avec collet et bordure d'hermine. Celui de Madame se distinguait par une bordure plus large; elle avait un pallium brodé or et argent, et, sur le bras gauche, une aumusse mouchetée d'hermine. Elles portaient toutes, sur le sommet de la tête, une guimpe en toile blanche fraisée en tuyaux et posée droite: à cette barbette se rattachait sur la nuque le manteau d'étamine. Les dames dignitaires avaient sur le côté gauche un insigne brodé indiquant leurs fonctions. L'abbesse avait le quart des revenus; le reste se partageait en vingt prébendes, dont seize pour les dames et quatre pour les quatre chanoines qui desservaient la communauté. Les chanoinesses habitaient des maisons canoniales, disposées autour de l'abbatiale: elles se réunissaient en assemblée capitulaire chez l'abbesse ou chez la doyenne. L'abbatiale était flanquée de seize pavillons détachés, formant pour chaque prébendaire une habitation particulière, élevée entre cour et jardin, et entourée d'une grille. L'église était du XIe siècle: elle était remarquable par ses colonnes, dont les chapitaux à bas-reliefs représentaient des scènes de la Genèse; par ses cloîtres, dont les voûtes étaient supportées par une élégante colonnade. Cette église datait de la fondation; une ancienne tour carrée servait de clocher et ce n'est qu'en 1760 qu'on avait placé des orgues au-dessus de la porte d'entrée[203]). On peut s'en faire une idée éloignée, par le blason gravé plus haut, et par le sceau que nous plaçons ici, tandis qu'on trouvera le document auquel il est apposé, à la note 211.

Le titre de comtesse attaché à la dignité de chanoinesse de Poussay, ne fait pas plus doute que pour les deux chapitres précédents. Poussay eut d'ailleurs aussi sa décoration de chevalerie, dont, ci-après, le fac-similé. Les chanoinesses sollicitèrent, vers 1774, le droit d'avoir un insigne comme Remiremont et Epinal. Elles présen-

---

[197]) Gaspard, l. c.

[198]) Arch. de Nancy, Trésor des Chartes, Cartulaire (Chartes et priviléges).

[199]) Dom Calmet. N. d. l. L., I, p. 901.

[200]) La peste ravagea la Lorraine, de Pâques 1630 au mois de mars 1637. La famine était extrême (Lionnois, H. de N. I, p. 505).

[201]) Le marquisat de Bayon fut érigé plus tard en sa faveur.

[202]) Le P. Hélyot (H. de O. R. II, p. 427 et s.) nous apprend un fait historique qui jette un grand reflet sur Poussay et son chapitre noble. C'est à Poussay que les premières Soeurs enseignantes de Notre-Dame — Congrégation encore aujourd'hui nombreuse et florissante — dont le Bienheureux P. Fourier de Mattaincourt, l'un des patrons de la Lorraine, fut l'instituteur et le général, se réunirent autour de la Mère Alix le Clerc, en 1597, et ce fut sous la protection de Mesdames d'Aspremont et de Fresnel, chanoinesses de Poussay, que ce fait s'accomplit. Elles s'y consacrèrent dès lors à l'instruction des jeunes filles et des enfants pauvres: sainte mission que la congrégation de Notre-Dame accomplit encore aujourd'hui. La pieuse fondatrice est vénérée de tous les Lorrains: son procès de béatification est pendant en cour de Rome, en même temps que le procès en canonisation du Bienheureux Fourier, que le P. Lacordaire appelait si éloquemment, le 7 juillet 1873, lors de la consécration de l'église nouvelle de Mattaincourt, un grand saint et un grand citoyen.

[203]) Gaspard, l. c.

[204]) Nous croyons inutile de faire une description de ce sceau, apposé sur la pièce un question, sur de la cire à cacheter rouge, et à peu près intact. Le dessin que nous en donnons, en est la reproduction exacte. Nous devons la communication de ce sceau et de la pièce originale sur parchemin, à l'obligeance de M. Ch. Chapelier.

tèrent à cet effet une supplique au Roi, rappelant la haute antiquité et l'immédiateté de leur chapitre insigne, et les bienfaits des ducs ses prédécesseurs et de Stanislas. Il leur fut octroyé par Louis XV une décoration, en forme de croix de chevalerie, composée d'un large ruban bleu, liseré d'or, auquel était attachée une croix d'or, émaillée, à huit pointes, et surmontée d'une couronne. Le médaillon central représentait, au droit, Sainte Menne, patronne du chapitre, et, au revers, le pape Léon IX[205]). P. de la Roche-Tilhac dit que la couronne royale surmontait la croix, et que les dames-nièces avaient aussi le droit de la porter[206]). l'Almanach de Lorraine et Barrois de 1788 n'en parle pas.

Croix de chanoinesse de Poussay, au droit.

Le chapitre, dont la juridiction s'étendait sur le faubourg, dit de Poursas, jusqu'aux portes de Mirecourt, contracta avec le duc de Lorraine, un échange qui augmenta ses revenus. Il céda au duc ses droits de haute, moyenne et basse justice sur le faubourg, et, en contre-échange, reçut de ce prince „la haute, moyenne et basse justice de Puzieux, etc., ensemble les grands et petits étangs de Biécourt etc.". La prise de possession est rapportée au procès-verbal du 2 janvier 1708[207]). Stanislas l'enrichit par Lettres patentes, datées de Lunéville, le 16 juillet 1762, en réunissant les biens et revenus du chapitre de Bourmont à celui de Poussay[208]). Après la destruction de la célèbre ville de La Mothe, son chapitre, composé de douze chanoines, fut transféré à Bourmont: chaque chanoine avait un revenu prébendaire de 1800 fr. environ. C'est ce chapitre qui fut supprimé et dont les revenus furent réunis à ceux de Poussay „pour ajouter à l'état d'aisance de ces dames et le rendre plus conforme à l'illustration de leur naissance[209]). Ajoutons ces revenus aux revenus précédemment indiqués, et nous verrons que Poussay était alors en pleine prospérité et marchait de pair avec les autres abbayes insignes et séculières de Lorraine.

Abbesses[210]).

*I. Berenna, dénommée dans la bulle de Léon IX, de l'an 1049. Son nom se lisait sur le calice d'or de l'église.

*II. Béatrix, dénommée dans une bulle de Lucius III, en date de l'an 1185.

*III. Berthe, en 1206, 1219.

IV. Aude, en 1261.

V. Jeanne, dite Sybille, en 1308.

VI. Aleix, en 1319 (Arch.).

*VII. Jeanne de Beaufremont, en 1341, 1344.

*VIII. Jeannette de Mandre, morte en 1400, le 5 avril. Sa tombe était à droite du grand autel.

*IX. Isabelle de Mirecourt, en 1413. Sa tombe était dans le sanctuaire.

*X. On y voyait aussi celle de Marie de Germiny; mais la date de sa mort était cachée sous la marche-pied de l'autel.

*XI. Yolande de Germiny, élue abbesse en 1455, le 8e des ides de septembre 1525, elle fit démission de son abbaye en faveur de Claude de Ligniville, avec rétention des fruits. Elle mourut le 25 août 1527.

*XII. Claude de Ligniville, fille de Claude de Ligniville, bailli de Vosge, et de Marguerite Wisse de Gerbéviller, mourut le 6 mars 1529.

*XIII. Philippe de Ligniville, fille de Jean de Ligniville et de Jeanne d'Oiselet: elle fit son testament le 20 septembre et mourut le 24 du même mois de l'année 1458.

XIV. Jeanne de Deuilly, secrète de Remiremont et abbesse de Poussay, morte en octobre 1506 (Arch. d'Epinal. Nécrologes de Remiremont).

*XV. Anne de Barbay, fille de Guyot de Barbay et d'Anne de Frenelle, fut élue le 24 septembre 1538 et mourut le 10 décembre 1576. Elle avait eu pour coadjutrice:

*XVI. Claude d'Anglure, qui entra en possession le 19 décembre 1579. Elle entreprit de réformer l'abbaye, en

205) La France ecclésiastique pour l'année 1788, p. 130. — La France chevaleresque et chapitrale, 1785, p. 181. — V. aussi A. Digot. Op. c.

206) Etat des cours de l'Europe, année 1785, p. 50.

207) Archives nationales (Paris), mss. — Collection de Lorraine, vol. 287. *Abbayes*, 7, P. R. fos 1—7. Dossier.

208) G. 8/2498. Remontrances présentées au Roy.

209) Archives nationales (Paris), section administrative, G 8/2493, Dossier. — Arch. d'Epinal, G. 228, 23e compte rendu par Fr.-G. de Vernet, chanoine et prévôt du chapitre de Poussay, à l'abbesse et aux dames dudit chapitre, pour une année des revenus du ci-devant chapitre de Bourmont, qui a commencé au 1er novembre 1784 et fini à pareil jour de 1785 (1786); excédant de la recette sur la dépense, 18.275 fr. 4 sols 11 deniers.

210) Dom Calmet complété par Gaspard, l. c. — La liste de Dom Calmet est marquée d'un astérisque. — Arch. indique les Archives d'Epinal.

1578. Elle s'était donné pour coadjutrice Edmonde d'Amoncourt, doyenne d'Epinal.

*XVII. Françoise du Châtelet fut élue et confirmée; mais elle eut procès avec Edmonde d'Amoncourt, devant la cour de Rome, et mourut au cours de la procédure, le 27 septembre 1586, deux mois et demi après son élection.

*XVIII. Edmonde d'Amoncourt, qui se donna pour coadjutrice, le 15 août 1625, Catherine de Damas, et mourut le 7 novembre 1625.

*XIX. Catherine de Damas mourut en octobre 1638.

*XX. Anne-Perette de Damas, élue le 29 octobre 1638 et morte le 12 mars 1690. Elle avait eu pour coadjutrice, en 1665', Marie-Claire de Luxembourg, princesse de Tingry, morte avant sa coadjuvée, le 18 mars 1686.

*XXI. Angélique Cunégonde de Montmorency, fille de Charles-Henri de Clermont-Tonnerre et de Marguerite-Charlotte de Luxembourg, succéda à Anne de Damas; mais elle quitta l'abbaye, en 1694, pour épouser, le 7 octobre, Louis-Henri, légitimé de Bourbon, prince de Neuchâtel.

*XXII. Marie-Elisabeth de Gramont, élue le 6 janvier 1695. Ses bulles sont du 9 novembre de la même année. Elle était fille de Philibert, comte de Gramont, vicomte d'Aster, et d'Elisabeth d'Hamilton d'Abercorn. Elle est morte en 1729 (Arch.).

XXII. Charlotte de Beauvau-Craon, élue en 1729 (Arch. et note 211).

XXIV. Thérèse-Eléonore de Chauviray, élue le 28 janvier 1735[211]).

XXV. Anne-Claude de Jouffroy de Novillard, élue en 1743, bullée en 1744 (Arch.). Morte en 1747 (Arch.).

XXVI. Louise-Jeanne-Caroline de Custine, en 1747; coadjutrice depuis 1744[212]).

---

211) Document original sur parchemin. En tête, armes de Lorraine et du Barrois. Procès-verbal de la nomination de T. E. de Chauviray, abbesse, en remplacement de C. de Beauvau-Craon, 1735. Les dames élisantes ont signé: Custine, Brossia, Jouffroy de N., de Rosières. — Cejourd'huy vingt sept janvier mil sept cent Trente-cinq. Les Dames du Chapitre de L'jnsigne Eglise Collegialle et seculiere de Sainte Menne de portsas. sujettes immédiatement au Saint Siége, Assemblées dans le choeur de Laditte Eglise pour proceder à L'Election d'une Abesse, L'abbaye étant vacquante par la Demission de Madame Charlotte de Beauvau-Craön, en datte du dix sept Decembre dernier; — Lesdittes Dames Scavoir Theresse Eleonore de Chauviray Doyénne, tant de Son chef que comme ayant le Droit et disposition de dame Eléonore de Custine de Pontigny, Sa niepce de prebende presente, Dame anne Claude de Jouffroy de Novillard, Theresse de Jouffroy, Dame Loüise de Froissard de Braissia, tant en son nom que comme ayant par procuration du seize du présent mois cy jointe, La voix de Dame Marie Antoinette de Rosieres de Soran absente, D'huement avertie par Lettre du vingtieme decembre dernier, et par trois Monitions Canoniques de se rendre et trouver au Chapitre au présent jour marqué; Dame Barbe Françoise de Lavaux et Dame Lucie Walth; — Aprés avoir assisté à la messe du Saint Esprit, et à Lissue d'jcelle chanté le veni creator, pour qu'il plût a Dieu Leurs Inspirer de faire choix d'une dame capable de remplir cette dignité (Laditte Dame Doyenne leur ayant remontré L'importance de ce choix) Toutes Lesdittes Dames ayants procedés à L'Election par voye de Sucrutin, Ont eluës Madame Therese Eleonore de Chauviray pour abesse agée de soixante sept ans, Comme ayant Le plus grand nombre de voix, Suppliant Lesdittes Dames nôtre Saint Père le Pape d'accorder Sur la presente Election les Bulles necessaires; — Detout quoy Le present acte et verbal a été dressé Les Jours et an que dessus, pour servir ainsy que de Raison, En présence des Sieurs Loüis Bricquenay Conseiller au Bailliage de vosge et Claude Dumat avocat à la Cour Exerceant audit Bailliage, Lesquels ont souscrits et presentes de méme que le Nottaire; Laquelle Election a été acceptée par Maditte Dame Theresse Eleonore de Chauviray; Signé a La minutte des presentes Thr. Eleonore de Chauviray, Jouffroy de Novillard, Jouffroy, Broissia, Dumat Lainé et Chrestenoy notaire à Mircourt. Le vingt huitieme Janvier mil sept cent trente Cinq, folio onze, n° huit, Registe Dixieme Receu neuf sols six deniers Signé Dieudonné Controlleur avec paraphe Pour coppie Expediée conforme a Loriginal par Leditnotaire apostolique Soussigné cejourdhuy Dix huitieme Feurier mil sept cent trente cinq.

Signé Chrestenoy
notaire (avec paraphe).

En foy de quoy Lesdittes Dames ont Signés Les presentes; et y ont apposés le sceau ordinaire dudit Chapitre Ledit jour dix-huit Fevrier mil sept cent trente cinq.

D'une autre écriture encore plus incorrecte, celle du notaire:

Madame anne Clode de iouffroy de Novillard doienne apssente Therese do iouffroy la vaulx Broissia Custine de Marcilly Walsh.

L. S.

212) Arch. de Meurthe et Moselle. — 27 janvier 1744. Abbaye de Poussay, pour L.-J.-C. de Custine.

„Jacobus de Boschenry, presbiter in sacrâ facultate Parisiensi, doctor theologiae, ecclesiae collegiatae Sancti Gengulphi praepositus, Tullensis ecclesiae canonicus et in ea archidiaconus major, vicarius generalis officialis Tullensis, commissarius in hac parte apostolicus. — Reverendae et nobili dominae Ludovicae Joannae Carolae de Custine coadjutrici et canonissae abbatiae collegiatae Sanctae Mennae de Portu-Suavi, vulgo de Poussay, Tuilensis diocesis, salutem in Domino. Visis litteris apostolicis sub dato Romae apud Sanctam Mariam Majorem anno Incarnationis dominicao millesimo septingentesimo tertio, quinto kalendas decembris proxeme elapsis quibus sanctissimus dominicus noster Benedictus papa decimus te, reverendae et nobili dominae Annae Claudiae de Jouffroy de Novillard, abbatissae ejusdem ecclesiae de Poussay, quandin illa vixerit et abbatiam praedictam obtinuerit, in coadjutricem perpetuam et irrevocabilem in dictae abbatiae regimine et administratione constituit, accedente consensu Poloniae Regis, Lotharingiae ac Barri Ducis, vigore indulti christianissimo nostro Francorum Rege per Clementem papam duodecimum concessi, eandemque vocatione occurente abbatiam ex nunc prout ex tunc tibi confert et de illâ providet, nobisque praecipit ut per nos vel alios coadjutricis hujus modi donec illud duraverit, ta pacifice frui et gaudere faciamus, et eo cessante, tel vel procuratorem tuum, nomine tuo, in possessionem corporalem dictae abbatiae inducamus. Nos, commissarius apostolicus praedictus, certiores facti quod illustrissimo et reverendissimo Tullensi episcopo constiterit de veritate narratorum apud Summum Pontificem tam ex parte tuâ quam dictae reverendae abbatissae, auctoritate apostolicâ quâ fungimur in hac parte, mandamus universis et singulis quorum interesse potest, ut cum in manibus illustrissimi episcopi Tullensis dictae abbatiae ordinarii juramentum fidelitatis Summo Pontifici et sanctae Romanae Ecclesiae debitae prestiteris te dicto officio coadjutricis, cum omnibus honoribus, praeminentiis et juribus que de jure, consuetudine vel privilegio illi sunt annexae, pacifice frui et gaudere sinant et curant et cessante tali officio, singulis praesbiteris, clericis, notariis hujus dioecesis ad id requisitis quatenus alter eorum te vel procuratorem tuum pro te, tuoque nomine, in realem et corporalem dictae abbatiae possessionem inducant solennitatibus in his assuetis debitè servatis. — Datum Tulli Leucorum sub signo manueli curiaeque nostrae sigillo, praesentibus magistris Joanne Malingrey et Antonio Daille, presbiteris, Tullensis ecclesiae vi-

XXVII. Marie-Louise de Bassompierre, 1748—1757.

XXVIII. Anne-Catherine-Honorée de Choiseul, 1787 à 1790.

Après avoir donné (note 211) un procès-verbal d'élection, et (note 212) une bulle d'institution, nous transcrirons ici le procès-verbal très-intéressant et absolument inédit d'un apprébendement; on y trouvera un tableau héraldique de la haute noblesse lorraine; aussi l'insérons-nous dans notre texte[213].

„ . . . Par un Extrait authentique des Registres du Chapitre de Poussay du vingt troisième Octobre Mil sept cent quatre vingt, qui nous a été produit sous le n° 2, Il appert que Demoiselle Adelaïde-Louise-Philippine de Pouilly . . . a été reçue, coeffée et apprébendée Dame chanoinesse audit Chapitre, suivant la déclaration du Roi du mois de Jan. 1761, de huit degrés du côté Paternel et de huit degrés du côté Maternel d'ancienne Noblesse d'extraction, dont la teneur de l'acte de réception s'ensuit:

„Extrait des Registres du Chapitre de Poussay. — Cejourd'huy, vingt troisième octobre mil sept cent quatre vingts, Dame Marie-Louise de Bassompierre, abbesse de l'insigne église collégiale et séculière de Sainte Menne de Poussay, sujette immédiatement au S. Siége, a présenté aux Dames Elisabeth-Menne de Fussey, Doyenne, Lucie Vualsh, Thérèse de Fussey de Melay, Anne-Catherine-Honorée de Choiseul, Gabriele-Henriette-Eulalie de Ficquelmont, Joséphine de Lavaulx, Anne-Gabriele de Mitry, Thérèse-Joseph de Lavaux de Sommerécourt, Marie-Elisabeth de Bassompierre, représentantes le Chapitre de la dite Eglise; Jeanne-Charlotte de Francquemont et Henriette-Adelaïde de Sommyevre, Dames mères, la Dame de Broissier secrette, retenues chez elles pour cause d'indisposition; les Dames de Ligniville et de Constable, absentes, Demoiselle Adelaïde-Louise-Philippine de Pouilly, fille de haut et puissant Seigneur, Messire Albert-Louis de Pouilly, Baron de Chaufour et autres lieux, Colonel du troisième Regiment de Chevaux légers et Brigadier des armées du Roi, et de haute et puissante Dame, Madame Antoinette-Philippine de Custine, Baronne de Pouilly, son épouse[214]), la dite Demoiselle assistée de haut et Puissant Seigneur Messire Philippe-Blaickard, Vicomte de Custine, Colonel du régiment de Rouergue, son oncle Maternel, de haute et puissante Dame, Madame Louise-Charlotte de la Vieuville, Marquise de Vaubecourt, sa tante, de haute et puissante Dame, Madame Louise-Auguste de Custine, Marquise de Ludres, sa cousine, de haute et puissante Dame, Madame Diane-Gabriele de la Baume, Marquise de Choiseul, de haut et puissant seigneur, Messire Claude-Antoine-Gabriel, Comte de Choiseul, capitaine au Régiment de Royal-Cravattes, de haute et puissante Dame, Madame Marie-Stéphanie, Comtesse de Choiseul, de haute et puissante Dame, Madame Marguerite de la Baume, Marquise de Ligniville, de haute et puissante Dame, Madame Marie-Anne-Louise de Nettancourt, Comtesse d'Hofflize, de Mademoiselle Françoise de Mitry, de Monsieur Nicolas Pegnalver, Docteur en Droit, avocat au Parlement de Naples, et de Monsieur Nicolas-François de Neufchateau, Docteur en Droit et lieutenant-Général civil et criminel au Bailliage et siége général de Mirecourt, — Pour être reçue, coeffée et apprébendée Dame de la dite Eglise sur la Prébende du joyeux avénement de ladite Dame Abbesse, vacante, et à elle revenue par la démission et remerciement de Dame Camille-Louise-Françoise-Sophronie de Lambertye[215]). Les preuves de la dite Demoiselle de Pouilly ayant été faites suivant la Déclaration du Roi, du Mois de Jan. 1761, de huit degrés du côté Maternel, d'ancienne noblesse d'extraction, conformément à l'usage du Chapitre, savoir, du côté Paternel: Albert-Louis Baron de Pouilly, Louis-Joseph de Pouilly, Aubertin de Pouilly, Louis de Pouilly, Ferry de Pouilly, Jean de Pouilly, Aubertin de Pouilly, et Aubertin de Pouilly; et, du côté Maternel: Marie-Antoinette-Philippine de Custine, Philippe-François-Joseph de Custine, Antoine-Philippe de Custine, Adam-Philippe de Custine, Philippe de Custine, Adam de Custine, Martin de Custine et Thiébault de Custine; les dites preuves reçues par le Chapitre et jurées sur les S^{tes} Evangiles, entre les mains du Sr François-Gabriel Vernet; Chanoine en la dite église, — Par hauts et puissants

---

cariis habitualis testibus notis, ad praemissa vocatis et subsignatis, anno millesimo septingentesimo quadragesimo quarto, die vero mensis januarii vigesimâ septimâ.

(Copie en forme authentique. Nr. 18, Collationnée le 4 avril 1887, signée: l'Archiviste, Lepage. Visée: le secrétaire g^l de la Préfecture — illisible).

[213]) Nous transcrivons cette pièce, d'après l'original sur parchemin, signé et scellé d'une Déclaration du Roi d'Armes, Toison d'Or, Chevalier C. Beydaels de Zittaert, en vertu de ses pouvoirs, donnée à Vienne, au Département Héraldique de Sa Majesté l'Empereur et Roi, le 18 décembre 1803. Cette pièce fait partie aujourd'hui du dossier des *preuves* du Chevalier-novice de l'Ordre Teutonique, Comte Albert de Mensdorff-Pouilly, petit-neveu de Madame Adelaïde-Louise-Philippine de Pouilly. Cette Déclaration a été transcrite dans un cartulaire qui se trouve aux Archives de la Noblesse (Vienne, ministère de l'Intérieur): l'écriture du cartulaire est la même que celle de l'acte original. M. Heilmann, chef des Archives de la Noblesse a bien voulu nous permettre de comparer les deux textes que nous avons trouvés entièrement conformes.

[214]) Les Pouilly étaient entrés par leurs alliances dans la chevalerie de Lorraine, après avoir été fieffés (Procès-verbaux de 1544 et de 1625). Dès le 23 avril 1622, *Haubert ou Habert, sieur de Pouilly, originaire de France*, avait reçu des lettres de reconnaissance de Gentillesse (4e degré de noblesse, sans dérogeance ni mésalliance, ou noblesse du sang) pour services militaires (Trésor des Chartes de Lorraine, Reg. 1622. — V. aussi, Henry Lepage, Complément au Nobiliaire de Lorraine, p. 308). Quant aux Custine, ils étaient de noblesse immémoriale de nom et d'armes et siégeaient depuis des siècles aux assises de la grande chevalerie de Lorraine (Procès-verbaux de 1340, 1445, 1554, 1612). Nous trouvons un Custine aux Etats du 7 février 1663. C'est un Custine qui fut chargé par le duc Léopold d'aller chercher à Inspruck et de ramener à Nancy les cendres du duc Charles V. Les Custine sont illustres par eux-mêmes et par leurs alliances. L'érection du marquisat de Custine est du 10 juin 1719; le diplôme rappelle en termes magnifiques l'ancienneté et la gloire de cette famille, fieffée, en Lorraine, avant 1328 (Trésor des Chartes de Lorraine. — La chevalerie Lorraine par le Baron P. Digot, 1887).

[215]) Il y avait sans doute à Poussay, comme à Bouxières, trois prébendes de joyeux avénement: celle dite du prince, celle de l'évêque et celle de la crosse. Cette dernière était conférée par l'abbesse, toutes les fois qu'elle devenait vacante et de quelque manière qu'elle le devînt. La demoiselle pourvue de cette stalle capitulaire devenait sa nièce, et

Seigneurs, Messire Charles-Jean de Nettancourt-D'haussonville, Marquis de Vaubecourt, Lieutenant-Général des armées du Roi et Commandeur de l'Ordre de Saint-Louis, Messire Claude-Antoine-Clériadus, Marquis de Choiseul, Maréchal des Camps et Armées du Roi, et Commandant pour S. M. en la Province de Lorraine, et Messire François-Gabriel-Florent, Marquis de Ludres et de Frolois, Comte d'Afrique et Colonel d'infanterie; après que la dite Demoiselle de Pouilly s'est engagée à se pourvoir d'un logement, soit en achetant une Maison, soit en bâtissant sur le terrein qui lui sera fourni ou désigné par le Chapitre, duquel engagement Monsieur le Baron de Pouilly, père de la dite Demoiselle, s'est rendu garant; elle a été reçue, coeffée et apprébendée en la dite Eglise, sur la dite Prébende, pour en jouir suivant les usages, coutumes et statuts du Chapitre qu'elle a Solennellement promis d'observer; Son arbre généalogique ayant été blasonné et mis au Trésor des Archives.

„Fait à Poussay en Chapitre les an et jour avant dits, en présence des S[rs] françois Brettenache, Claude Lauvers, et Michel Poirot, tous les trois chanoines en la dite Eglise.

„Signés:

„Marie-Louise de Bassompierre, Abbesse de Poussay, Fussey, Doyenne, Vualsh, Fussey de Melay, Choiseul, Ficquelmont, Lavaulx, Mitry, Lavaulx de Sommerécourt, Bassompierre, Mitry de Franquemont, Sommyevre, Pouilly, Pouilly, Custine de Pouilly, Custine, La Vieuville de Vaubecourt, Custine de Ludres, Labaume Montrevelle M[ise] de Ligniville, Nettancourt, D'Hoffelize, Louise-Françoise de Mitry, Choiseul, François de Neufchâteau, de Pegnalver, Vaubecourt, Choiseul, Ludres, Brettenache, Lauvers, Poirot, Vernet Chanoine et Prévôt du Chapitre.

„Je soussigné Chanoine et prévôt du Chapitre de Poussay, certifie que l'extrait ci-dessus et des autres parts est conforme à la minute déposée aux Archives du dit Chapitre. Etoit signé Vernet avec pphe.

„Nous, Marcelin Benit, Dr. Gral au ballge de Mirecourt, certifions que Mr Vernet qui a signé l'acte ci-dessus et d'autres parts, est chanoine et Prévôt du Chapitre de Poussay, et qu'à tous actes qu'il signe en cette qualité foi pleine et entière doit être ajoutée, tant en justice que dehors: en témoin de quoi Nous avons en marge des présents Signées de Nous, fait apposer le scel de notre Juridiction.

„Donné en notre hôtel à Mirecourt en Lorraine, ce dix-huit août Mil sept cent quatre vingts. Etoit signé: Benit."

On est heureux de pouvoir recueillir quelques épaves du passé de Poussay; des titres que renfermaient ses Archives, voilà ce que nous avons découvert, et des objets précieux gardés dans son Trésor: calice de Saint Léon, en or, garni de pierreries; voile de Sainte Menne; chape de Saint Léon, en soie violette, brodée en or; bulle originale d'institution; livre des évangiles de Saint Léon, nous n'avons pu retrouver que ce dernier objet. Mais il était de tous le plus précieux. Ce manuscrit a été cédé à la Bibliothèque Royale (Paris), en 1844, par la ville de Mirecourt qui s'en était emparée. Il y est exposé dans les vitrines qui renferment ce que cette bibliothèque — dite aujourd'hui nationale — a de plus précieux[216]). Un des plats de la couverture est orné d'un ivoire byzantin, représentant la Sainte Vierge; de plaques de vermeil, sur lesquelles on a figuré Notre-Seigneur, Saint-André, Saint-Pierre, Sainte Menne; de perles, d'émaux et de verroteries. L'autre plat est recouvert d'une lame d'argent, sur laquelle a été tracée l'image de J. Chr. tenant la croix et un globe. Il est sur peau de vélin, format in-4^{0}, d'une admirable conservation, et contient 133 feuillets, sur lesquels sont écrits les évangiles pour les dimanches et fêtes de l'année. La première lettre de chaque évangile est peinte et ornée d'or et d'argent; plusieurs de ces initiales sont peintes sur fond carmin et occupent la page entière. Il y a sur treize pages, de grandes miniatures en or et couleur, représentant les quatre Évangélistes, la Nativité, l'Adoration des Mages, la Passion, le Lavement des pieds, la Visite des saintes femmes au Sépulcre, l'Ascension, la Pentecôte; sur les deux premières se voit l'auteur entre deux anges et offrant son livre à J. Chr. assis, la main droite étendue vers lui. La reliure en bois est intacte; le travail et le fini de l'oeuvre en font un des chefs-d'oeuvre de l'époque ancienne, dont il porte l'incontestable empreinte[217]).

C'est là une épave unique, mais d'un haut prix. Où le reste est allé, les bandits de 1793 ne sont même plus là pour nous le dire, eux qui ont rasé le chapitre, ses maisons canoniales et son église, de manière à ce qu'il n'en reste plus de traces.

---

aux mêmes conditions que les autres nièces. C'est de cette prébende qu'il s'agit ici.

[216]) Evangéliaire de l'Abbaye de Poussay, Ms. du XIe siècle Bibl. n[le]; mss. lat. n° 10.515 (Réserve). Communication de M. le Vte O. de Poli.

[217]) Voici une coïncidence curieuse que nous livrons au lecteur: l'archiviste de Meurthe et Moselle, dans son Abbaye de Bouxières, (Nancy, 1853) inventorie le trésor de cette abbaye insigne et il nous indique, p. 93, dans l'inventaire de 1585, *le livre de Saint Gauzlin qui fut trouvé sur l'autel*; dans celui de 1662, *le livre du saint*; dans celui de 1743, *le livre du Saint Gauzelin, contenant les quatre Evangiles, garny d'une converture d'argent doré, avec différentes pierreries*; dans celui du 21 septembre 1801, que cet évangéliaire avait été déposé avec les reliques à la cathédrale de Nancy; puis il constate que l'évangéliaire fut en 1845 déposé dans le trésor de la cathédrale. Paris, Epinal et Nancy possédent donc un précieux évangéliaire, les deux premiers de Saint Léon, l'autre de Saint Gauzlin.

V.

Abbaye insigne, collégiale et séculière de Notre-Dame de Bouxières, notice historique, ses abbesses, sa translation a Nancy; ses archives et son trésor.

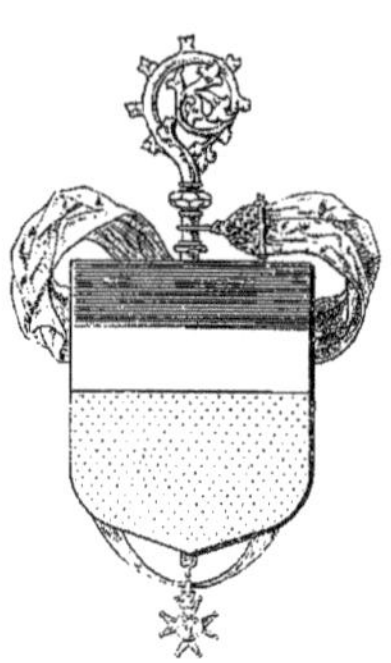

Armes de l'abbaye[218]).

Bouxières-aux-Dames près de Nancy, autrefois Sainte-Marie-du-Mont (Beata Maria de Monte), comme on l'appelait en 1115[219]), existait dès le VIIIe siècle, comme le prouvent les titres cités par Henri Lepage[220]); la fondation de l'abbaye et sa dotation par Saint Gauzlin, évêque de Toul, est de 935[221]): le titre d'institution fut conservé précieusement dans une boite noire, doublée de taffetas bleu jusqu'à la spoliation du chapitre[222]). L'abbaye était régulière, avec chapitre et abbesse élus, et immédiatement soumise au Saint-Siége. Des diplômes de l'empereur Othon II, de 960 et 965, augmentèrent sa dotation et étendirent ses droits féodaux et de patronat sur un grand nombre de terres et d'églises[223]). Son titre officiel est dès lors Abbaye insigne de Notre-Dame de Bouxières[224]). Les donations de Thierry, duc de Lorraine (1115), de Simon Ier (1130), de Simon II, duc de Lorraine (1176) sont dans Dom Calmet. On y trouve aussi un acte de sauvegarde du duc Mathieu Ier (1156). Lorsque, en 1432, René Ier sortit de sa captivité, il alla en pèlerinage à Notre-Dame de Bouxières[225]) René II plaça, en octobre 1496, sous sa protection, le fils qui allait lui naître de Philippe de Gueldres, et le 20 naquit Claude de Lorraine, la souche de l'illustre maison de Guise[226]). Les papes munirent Notre-Dame de Bouxières de nombreuses indulgences; mais les invasions du XVIIe siècle dispersèrent les religieuses[227]). Dès le XIe siècle, selon Lionnois, l'abbaye fut séculière[228]); dès 1452, ou 1453, selon la Notice de la Lorraine et l'H. de L. de Dom Calmet[229]), les religieuses embrassèrent la vie séculière, et les stalles et prébendes ne furent accessibles qu'aux filles de l'ancienne chevalerie[230]). Les chanoinesses ne prononcèrent plus de voeux. Ce changement fut approuvé par Pierre du Châtelet, vers le milieu du XVIe siècle, après avoir été introduit depuis le milieu du XVe siècle[231]). On croit que c'est René d'Anjou qui fut, en 1452, le promoteur de cette sécularisation, afin d'y avoir une maison d'éducation et d'état pour les filles de ses preux, obérés et appauvris par les guerres de Lorraine et de Sicile. Ce serait en tout cas d'accord avec la date indiquée par Dom Calmet.

L'église collégiale séculière ou de Notre-Dame, est-il dit en substance dans les documents énumérés en note[232]), se compose d'une dame abbesse, élue du corps, et de treize dames chanoinesses, dont les unes sont dames capitulantes, et les autres dames nièces[233]). L'église ne dépend d'aucune autre église, monastère ou congrégation. Il y a quinze prébendes, dont deux affectées à l'abbesse: des treize autres prébendes, il y en a trois de joyeux avènement: celle du prince, à la collation du souverain; celle de Saint Gauzlin, à la collation de l'évêque de Toul, et celle de la crosse, à la collation de l'abbesse. Les dix autres sont, au tour et à la nomination du chapitre, qui gouverne du reste toute l'église, sous la direction de l'abbesse. Le stage des dames nièces est d'une année; les dames capitulantes sont obligées à une résidence d'un an, pour pouvoir s'absenter pendant un an. Après trois années d'absence, il y a saisie et perte de la prébende; les dames et nièces peuvent tester, avec la permission de l'abbesse pour les premières et de la dame tante pour les secondes. Le chapitre appose les scellés et liquide

---

218) C'est à Paris, on le croira à peine, que nous avons eu le blason authentique de ce chapitre noble. Dans ce Nancy, qui se pique d'une science archéologique si approfondie, ou nous répondait de partout qu'on ne connaissait pas ce blason, ou bien on nous égarait; mais nous avons enfin su découvrir à la Bibliothèque Nationale (Paris) Mss., Armorial g^l, fol. 445, les armes officielles et enregistrées du Couvent des Religieuses de Bouxières: d'or à la fasce d'argent et au chef d'azur, et nous les avons complétées par la couronne comtale, la crosse et la croix de chanoinesse. Ces armes ne sont pas correctes, mais cela nous affirme leur haute antiquité. Notre dessin a été copié sur l'Armorial de 1696, à Paris.

219) Dom Calmet, II, pr. col. 264—265.

220) H. Lepage, l. c. p. 7.

221) Dom Calmet, I, pr. col. 288.

222) Lepage ajoute, sans pouvoir préciser, que cette charte est maintenant à Vienne. C'est là une assertion sans preuves: nous avons cherché partout ce titre, sans pouvoir le trouver.

223) Dom Calmet, I, pr. col. 381 et 372.

224) Arch. de Nancy. Inventaires et sommiers de Bouxières.

225) Dom Calmet, II, col. 779.

226) Archives de Nancy, compte des frais de cierge votif, mandaté par René II, le 11 octobre 1496.

227) Archives de Toul. Inv. — Nicolas IV, — Henri, évêque, — Clément XI (1714), Benoît XIV (1743. 1747. 1750).

228) Lionnois, H, d. N., I, p. 607.

229) Notice, I, p. 159—160.

230) V. au Chapitre des *preuves*.

231) Dom Calmet, Hist. de L., I^e éd. III, col. 85.

232) Archives de Nancy, Mémoire, imprimé en 1763. — Bibliothèque publique de Nancy, Registres et ordonnances capitulaires (590—596; 1007). Usages actuels du chapitre de Bouxières, ms., daté de 1722, rédigé et mis en ordre par Madame du Hautoy, abbesse, avec additions allant jusqu'en 1741.

233) Bibl. publ. de Nancy, ms., n° 595. Nouveaux règlements dressés en 1786. Le nombre des dames fut porté à 48, savoir: une abbesse, vingt-trois dames tantes et vingt-quatre dames nièces, toutes chanoinesses et prébendées; de plus, les dames tantes furent autorisées, pendant le cours de dix années, à se choisir des secondes nièces.

les successions[234]). Les heures canoniales sont obligatoires[235]). La dame abbesse ne peut être choisie, que dans le chapitre: elle est élue, elle est le chef de l'église et le dépositaire de l'autorité disciplinaire. Il y a une doyenne[236]), et deux trésorières élues. Trois chanoines desservent le chapitre. Les assemblées capitulaires ordinaires sont tenues le samedi de chaque semaine, les assemblées extraordinaires, chaque fois qu'il est nécessaire, le chapitre général, le 1er mars de chaque année. Les capitulantes et nièces admises aux assemblées sont tenues au secret. Le prévôt assiste aux chapitres et signe les délibérations *par ordonnance capitulaire*. Il est à la nomination de l'abbesse et du chapitre: il gère la fortune de l'église et rend des comptes annuels. Les ordonnances sont revêtues du sceau capitulaire, dont voici le dessin.

Sceau de Notre-Dame de Bouxières[237]).

L'habit de choeur pour l'abbesse et les chanoinesses est un manteau noir doublé d'hermine, à queue traînante de trois mètres[238]). L'intronisation de l'abbesse, comprend la mise en possession du spirituel, puis du temporel, par deux actes symboliques séparés, transcrits ensuite aux registres capitulaires[239]). La crosse est le signe de la puissance abbatiale. Les Règlements analysés ci-dessus sont analogues à ceux imprimés en 1735 pour Remiremont.

En 1760, Stanislas, voulant procurer à cette maison un revenu qui répondît à sa dignité et à sa grande utilité pour la haute noblesse, y unit les biens du chapitre supprimé de Vaudémont[240]). Vingt-quatre années plus tard, les dames de Bouxières s'occupèrent, vu l'insécurité des temps, de transférer leur chapitre à Nancy.

Elles firent valoir aussi dans leur requête au roi, ce considérant reproduit dans les Lettres patentes de Louis XVI, du 19 juin 1785, qui l'autorisent à se pourvoir en cour de Rome, afin d'obtenir la nomination d'un commissaire apostolique chargé d'opérer, suivant les formes civiles et canoniques, la translation de l'abbaye noble; car il y est dit que cette situation expose l'abbaye à une foule de dangers, la prive des secours les plus nécessaires à la vie et *la met dans l'impossibilité de se procurer des maîtres capables de cultiver les talents des demoiselles de qualité qui y étaient admises . . .*[241]).

A la suite de l'autorisation royale, le chapitre se pourvut immédiatement au Saint-Siége et en obtint, le 3 des ides de mai 1786, une bulle qui commettait M. de Loménie de Brienne, à l'effet d'opérer la translation[242]). Le roi ordonna la mise à exécution de la bulle, le 5 juin 1786, et permit aux chanoinesses d'acquérir les terrains nécessaires à l'emplacement de leur nouvelle maison. C'était, dit un archiviste-archéologue, non une abbaye, mais une sorte de résidence princière. Si cet archiviste avait entrevu en ce pays les belles abbayes que le temps a épargnées, il ne parlerait pas ainsi. Le préambule du contrat, passé du 24 du même mois de juin, entre Madame l'abbesse, Comtesse M.-Fr.-Angélique de Messey de Bielle et le P. Chrétien, vicaire supérieur du couvent des Minimes de Bon-Secours, pour la cession des terrains possédés dans ce lieu par ces religieux, indique les motifs principaux qui ont déterminé cette vente. On y lit: „Considérant que . . . . Mesdames Adélaïde et Victoire de France qui protégent singulièrement la translation du chapitre, désirent qu'elle soit faite dans ledit terrain; qu'on ne peut en même temps se dissimuler, que c'est aussi l'intention de Sa Majesté . . .“[243]). Puis un autre acte fut passé quelques jours après, avec les Dames prêcheresses, pour l'acquisition de terrains adjacents, afin d'y construire l'abbatiale et les maisons canoniales. Par arrêt rendu en son Conseil d'Etat, le 25 août, le roi approuva les plans qu'on lui avait présentés et déclara que „les cent mille livres données par Mesdames Adélaïde et Victoire, les fonds assignés par lui sur le produit des loteries, ceux qui proviendraient des 15.000 livres et des 6.000 livres auxquelles sont tenues les nouvelles chanoinesses, tantes et nièces, la portion du produit de la vente des maisons situées à Bouxières, etc. seraient déposés dans la caisse du receveur du clergé du diocèse de Nancy, qui ne pourrait s'en dessaisir que sur les mandements tirés à cet effet par l'ab-

234) Ce droit fut confirmé par un édit de Stanislas. H. Lepage, l. c. p. 51.

235) Matines et laudes, prime, tierce, nones, vêpres et complies.

236) La plus ancienne dame d'apprébendement — plus tard à l'élection. Elle n'était point dignitaire et n'avait d'abord d'autres droits et privilèges que ceux attachés à son ancienneté.

237) H. Lepage, l. c. p. 61—62.

238) Bibliothèque publique de Nancy, ms. Délibération cap. du 7 juillet 1722.

239) V. B. de N., mss., 1762, les procès-verbaux relatifs à la prise de possession de Madame d'Eltz.

240) Dom Calmet, Not. de la L., II, p. 737—741. Le chapitre insigne fondé, en 1325, pour 10 chanoines, à leur château de Vaudémont, par Henri III, Comte de Vaudémont, et Isabelle de Lorraine, son épouse, et confirmé par Amédée de Genève, évêque de Toul, puis augmenté de six canonicats, vers 1346, par Ancel, Comte de Joinville et de Vaudémont; pris sous la protection spéciale du Saint-Siége et exempté de la juridiction de l'ordinaire par le pape Nicolas V, par bulle de l'an 1451, fut supprimé par Lettres patentes de Stanislas, enregistrées à la cour souveraine, le 30 décembre 1760: ses droits et revenus furent en même temps réunis au chapitre des Chanoinesses de Bouxières. Ce même prince, dans son ordonnance de 1761, relative aux quatre Chapitres nobles de dames, maintint les droits, distinctions, immunités, priviléges, prérogatives, exemptions, dont jouissaient ou devaient jouir ces chapitres, et nommément le droit d'élection et celui d'ancienneté (Recueil des Ordonnances de Lorraine, X, p. 124. V. au chapitre des *preuves*).

241) H. Lepage, l. c. p. 29 et s.

242) H. Lepage, l. c. p. 31 et s. — Bibl. publ. de Nancy, mss. n° 595.

243) Bibl. publ. de N., mss. l. c. — H. Lepage, l. c. — Arch. de Nancy, Recueil imprimé, aux papiers concernant Bouxières.

besse[244]). Toutes ces formalités accomplies, les dames firent commencer les travaux d'agrandissement du choeur de Bon-Secours[245]) et de construction de l'abbatiale, avec ses maisons canoniales entre cours et jardins, sur un vaste parallélogramme. Le chapitre, effrayé des bandes armées, qui commençaient à inquiéter et à piller les monastères, s'installa à Nancy, avant que les travaux fussent terminés, le 24 octobre 1789, dans les anciens bâtiments des Minimes[246]). La dernière visite „au spirituel" eut lieu à Bouxières, le 24 septembre 1886, en grande pompe, en présence de l'archevêque de Toulouse, en qualité de commissaire apostolique. Lorsque l'heure de la spoliation sonna, le 30 juillet 1790, de pieux détournements avaient mis à l'abri de saintes épaves de l'abbaye. Le 2 septembre, on vendit aux enchères à peu près tout ce qu'on put saisir. Parmi les souvenirs mémorables du pieux institut, qui ne s'étaient trouvés ni à Bon-Secours, ni à Bouxières, lors de l'inventaire fait par la *Nation*, on avait sauvé les reliques de Saint Gauzlin, authentiquées par l'autorité diocésaine, le 21 septembre 1801, le 17 janvier 1803, le 30 août 1803, cachées et données à la cathédrale de Nancy, par le prévôt du chapitre, abbé Raybois (avec le calice, la patène et l'évangéliaire du même saint)[247]), et exposées aujourd'hui encore à la vénération des fidèles. A Bouxières même, il ne reste plus que de faibles vestiges de l'église et des maisons canoniales, aujourd'hui reconstruites ou délabrées. Bouxières a partagé le sort des monuments de la religion et de la féodalité. Et cependant la charité était une vertu du noble chapitre: les pauvres sont rarement oubliés dans ses pieuses fondations; il avait un hôpital, entretenu à ses frais, dont la création était l'oeuvre des chanoinesses; le décret de translation maintenait „l'aumône établie par le Chapitre au lieu de Bouxières, pour le soulagement des pauvres de la paroisse"[248]); aujourd'hui encore, sur la façade d'une maison du village, on lit cette inscription d'une singulière éloquence: ***Ecole charitable pour les filles, dotée et bâtie par les dames du chapitre de Bouxières.***

[244]) Par brevet du 3 juin 1787, Louis XVI accorda „à l'abbaye et chapitre de Bouxières, transférés à Nancy, pour servir à la dotation du titre et de la crosse de ladite abbaye, une pension de 7.200 livres sur les revenus de l'abbaye de Sainte-Marie de Pont-à-Mousson."

[245]) Ancienne chapelle des Bourguignons, élevée en 1498 par René II, en reconnaissance de la victoire remportée sur Charles-le-Téméraire, le 5 janvier 1476, et bientôt très-vénérée du peuple lorrain, elle fut décorée par Charles V, de six étendards pris sur les Turcs; par Charles-François de Lorraine, prince de Commercy, d'un autre enlevé par lui à Mohacz (1687); d'un pris à Peterwardin (1716) par un prince de Lorraine et envoyé par Charles VI, empereur, au duc Léopold qui le fit placer en grand pompe dans la chapelle; de deux autres conquis dans les guerres de Hongrie par François III, dernier duc de Lorraine, et donnés par son épouse, Marie-Thérèse, en accomplissement d'un voeu du prince. Elle fût reconstruite par Stanislas, qui la dota et y fit élever son mausolée et celui de son épouse, Catherine Opalinska, morte le 19 mars 1747.

[246]) Registre de l'évêché de Nancy. Procès-verbal du 27 octobre 1789, signé Camus, vic.-gén. — H. Lepage, l. c., preuves, p. 133—147, d'après les mss. de la Bibl. p. de Nancy et les archives de la même ville.

[247]) A. Digot a donné dans le tome II des Bulletins de la Société d'archéologie, la description et le dessin de ces trois objets. Il n'hésite pas à se prononcer pour l'ancienneté et l'authenticité de leur origine.

[248]) H. Lepage, l. c. p. 112.

C'est probablement à l'année 1786 qu'il faut rapporter l'institution d'une décoration de chevalerie pour l'abbaye insigne de Sainte-Marie de Bouxières; car c'est à cette époque que ce chapitre fut comblé des faveurs de la Maison de France. L'Almanach officiel de Lorraine et Barrois n'en parle pas, il est vrai, en 1788, mais il donne à toutes les chanoinesses le titre de comtesses. Digot n'hésite pas à affirmer l'existence de cette croix des Dames de Bouxières: il la dit d'or, émaillée, à huit pointes, avec médaillon central représentant, au droit, Saint Gauzlin, évêque de Toul et fondateur de l'abbaye; il ajoute que le ruban était bleu, liséré de rouge et se passait en sautoir[249]).

Décoration de Bouxières[250]).

Abbesses[251]).

L'abbaye fut gouvernée par trente et une abbesses, dont nous donnons la liste d'après Dom Calmet, en la complétant et la corrigeant d'après les pièces originales.

[249]) V. aussi Revue d'Austrasie, année 1841, II, p. 149, et H. Lepage.

[250]) Le dessin que nous donnons ici est copié sur la décoration que porte Madame l'abbesse Angélique de Messey, dans la miniature que nous a confiée Madame la Comtesse Alexandrine de Messey de Bielle — miniature que nous avons reproduite par l'héliogravure. La croix a été dessinée dans ce portrait avec un soin scrupuleux. Elle est sur fond rouge dans le médaillon central: les branches de la croix, qui est émaillée de blanc, sont reliées entre elles par un cercle étroit, or et rouge, ce qui lui donne une certaine similitude de forme sinon de couleur avec la décoration de Remiremont. Elle se portait en écharpe de droite à gauche et reposait sur le double noeud du large ruban, suspendue a une chaîne d'or à trois anneaux. Le ruban était bien bleu bordé de rouge. Faite du vivant de Madame l'abbesse Angélique, cette miniature est une relique pieusement conservée par sa famille et nous permet de mettre fin à toute espèce d'hésitation sur l'existence et la forme de cette décoration, que ni H. Lepage, ni A. Digot n'ont su se procurer. Nous prions ici Madame la Comtesse Alexandrine de Messey de Bielle d'agréer les très-humbles remerciements de l'auteur, à qui son haut et gracieux concours a permis de donner un plus vif intérêt à cette étude, soit par des titres inédits ou des reproductions plus exactes, soit par des citations tirées des Mémoires Intimes de sa tante, la Comtesse Marie-Antoinette, soit enfin par la reproduction des deux portraits de l'abbesse Angélique de Messey, en 1773—1774, d'après une miniature peinte sur une bonbonnière d'ivoire, et après 1794, en fichu Marie-Antoinette et en coiffure du temps, d'après une autre miniature (V. p. 38 et 40).

[251]) Les abbesses de la liste de Dom Calmet sont marquées d'un astérisque.

*I. Rothilde (936—976), première abbesse de Bouxières, dénommée dans une charte confirmative de l'empereur Othon (965)[252].

*II. Ermengarde (976)[253].

*III. Hadevide (1073).

*IV. Hara, fille de Thierry, duc de Lorraine (1115, 1130, 1136).

*V. Oda (1137); confirmation des biens du monastère par Innocent II; elle vivait encore en 1146.

*VI. Gertrude de Uy ou de Vic. (1150, 1176, 1180); charte confirmative de l'empereur Frédéric Ier; Titre de Rengéval.

*VII. Mathilde (1185).

*VIII. Helvide de Monthureux (1213).

*IX. Pétronille ou plus tôt Pérette (1255); „Instrument faisant foi de l'élection de l'abbesse Alix de Fontenoy, après la mort de sa prédécesseresse, nommée Pérette".

*X. Alix de Fontenoy, auparavant Dame de Remiremont, était déjà abbesse de Bouxières en 1272; son élection fut confirmée en janvier 1284.

*XI. Madelaine de Ruppes (1290).

*XII. Henriette de Haroué ou de Puligny (1299, † 1349). Le Nécrologe de Remiremont, (anno 1337, xij cal. martii) la nomme Henriette de Puligny.

*XIII. Isabelle (ou Elisabeth) de Ruppes, fille de Huart de Beaufremont et de Mahaut de Fontenoy (1349, † 1377).

*XIV. Catherine de Nancy (1377).

*XV. Antoinette de Ruppes, nièce d'Isabelle (28 avril 1379, † 9 janvier 1409). Elle était fille de Gauthier ou Huart de Beaufremont et d'Alide de Rougemont.

*XVI. Agnès d'Haroué, fille de Henry, seigneur d'Haroué, et d'Isabelle de Nancy (10 janvier 1409, † 1438).

*XVII. Isabelle (ou Isabeau) de Ludres, fille de Jean de Ludres et d'Agnès de Richarménil (27 septembre 1438, à 18 ans — 1466).

[252]) H. Lepage, l. c. pr. p. 123.

[253]) Les dates indiquent les titres dans lesquels les abbesses sont mentionnées.

*XVIII. Alarde (ou Alix) de Pfaffenhofen, fille de Gérard de Pfaffenhofen, sénéchal de Lorraine, et d'Isabelle d'Orne, posséda l'abbaye jusqu'en 1501, époque où elle s'en démit en faveur de sa nièce, sous réserve de la jouissance des fruits, droits et prééminences.

*XIX. Renée de Pfaffenhofen (1501, † 1550). Dès 1547, elle avait choisi sa coadjutrice. Elle testa le 6 août 1549.

*XX. Anne de Jussy, fille de Claude baron d'Hurbache et d'Anne des Armoises. Coadjutrice depuis 1547, † 1553.

*XXI. Anne-Françoise de Ludres, fille de Ferry de Ludres et de Marguerite de Sampigny. Promue le 26 avril 1553, elle essaya de réformer, l'abbaye et d'y rétablir l'observance de la règle primitive, mais dut y renoncer devant l'opposition du chapitre. Elle eut pour coadjutrices, Marguerite de Ludres, doyenne de Remiremont, qui mourut avant sa coadjuvée, et Françoise du Hautoy, bullée à la coadjutorie le 1er avril 1601[254]).

Marie-Françoise-Angélique de Messey. 1774.

*XXII. Françoise du Hautoy, fille de François du Hautoy et de Nicole de Beauvau, † 4 avril 1636[255]).

*XXIII. Anne de Montbéliard, dite de Lantage. Coadjutrice en 1616, abbesse en 1636, † 17 janvier 1639.

*XXIV. Marguerite de Custine, fille de Jean de Custine, baron de Condé, et de Dorothée de Lignivillc. Abbesse jusqu'en 1641, elle se démit pour épouser Jean Comte de Lambertye, maréchal-de-camp des armées du roi.

*XXV. Anne-Catherine de Cicon, fille de Marc de Richecourt et de Bonne de Tavagny (23 janvier 1641, † 25 septembre 1668). Elle avait choisi pour coadjutrice Barbe des Armoises; mais ce choix ayant été fait sans l'approbation du chapitre, les capitulantes refusèrent de le reconnaître, à la mort d'Anne-Catherine. Il y eut procès devant les parlements et à Rome, pendant neuf ans. Barbe des Armoises, qui prenait en 1670, selon H. Lepage, le titre d'abbesse, remit ses droits, le 16 février 1678, à Marie-

[254]) Le sceau de Françoise de Ludres est appendu avec celui du chapitre, donné plus haut, à un acte de 1555 (Arch. de N.).

[255]) Son sceau est appendu avec celui du chapitre, à un acte de 1610.

Françoise de Rouxel de Médavi, et le chapitre agréa cette démission conditionnelle (V. note 257).

*XXVI. Anne-Marie-Françoise de Rouxel de Médavi, Dame de Remiremont, fut bullée le 4 juillet 1678; † 16 septembre 1685[256]).

*XXVII. Anne-Françoise de Simiane de Moncha, fille d'Edme-Claude de Simiane, Comte de Moncha, et d'Anne-Claude-Renée de Ligniville-Tantonville. Elue par le chapitre, bullée le 21 mars 1685, † 21 novembre 1715, chez les Dames du Saint-Sacrement de Nancy[257]).

XXVIII. Anne-Marie d'Eltz-d'Oltange, élue le 8 février 1716, bullée le 13 mars, mise en possession le 25 avril, † à Bouxières, 3 avril 1760, à 95 ans.

XXIX. Charlotte-Sidonie-Rose, comtesse de Gouffier-Thois, élue le 28 mai 1760, prit possession le 12 mars 1761. Elle se maria et fut remplacée par:

XXX. Françoise, baronne d'Eltz, élue le 2 août 1762, † 7 mai 1773. Le 20 mars 1799, dit H. Lepage, on a trouvé son corps; la chair, dont des morceaux ont été conservés, n'était pas corrompue.

XXXI. Marie-Françoise-Angélique, comtesse de Messey, comtesse de Bielle, chanoinesse de Remiremont. Elue en 1773, † à Nancy, à l'âge de 88 ans, le 10 avril 1825. Elle avait choisi pour coadjutrice, le 26 juin 1786, avec le consentement du chapitre, Madame Marie-Marguerite de Fontanges, qui fut bullée par M. de Brienne, archevêque de Toulouse, commissaire apostolique.

Madame l'abbesse Angélique de Messey était fille du Comte Gabriel de Messey, Comte de Bielle, chambellan et premier gentilhomme de la Chambre du roi de Pologne, et de la Comtesse Louise-Pétronille de Ligniville[258]); elle avait fait ses preuves, à son admission au chapitre de Remiremont (1744), et ses lignes furent transcrites au Registre de la *Succession d'apprébandementes de 1649 a 1785*[259]), lors de son apprébendement à Bouxières, le 8 juin 1773. Elle représentait deux grandes familles, l'une originaire du Chaumontois, mais établie et fieffée en Lorraine, et l'autre, des quatre *grands-chevaux* de Lorraine[260]). Les filles de son lignage occupaient les stalles capitulaires[261]). Sa tante de sang et d'apprébendement à Remi-

---

[256]) Arch. d'Epinal. Nécrologes de Remiremont.

[257]) Nous transcrivons ici, en la retraduisant en français, une pièce traduite en allemand pour être utilisée en Allemagne d'après l'original. Le titre est du 24 août 1698 et la traduction authentique est du 15 juillet 1714. Ce titre est inédit. „Nous, Dames, abbesse, chanoinesses et capitulantes de l'insigne Eglise collégiale de Bouxières (Boussier aux Dames) faisons savoir à tous ceux à qui il appartiendra, que Dame Gabrielle de Mauleon a été chanoinesse de notre dite Eglise et a fait les preuves d'aïeux voulues, à savoir, du côté paternel: Mauleon, La Mothe, de Sales et Mocathe, et, du côté maternel: Cicon, Farayny, de Roucy et du Hautoy, lesquelles lignes ont été trouvées bonnes, et jurées par Dame Henriette de Mauleon, soeur du père de Dame Gabrielle et par Dame Catherine de Sales, bis-aïeule du côté paternel. Et aussi du côté maternel elles ont été également trouvées bonnes et jurées par Dame Catherine de Cicon, comtesse de Mauleon, mère de Dame Gabrielle, et par Dame Anne-Catherine de Cicon, *qui fut abbesse de notre Eglise*, soeur de son grand-père. Toutes ces dames ont fait, elles aussi, leurs preuves de huit lignes de noblesse chevaleresque . . . En foi de quoi le présent certificat, et, afin qu'il fasse preuve plus certaine, nous y avons apposé les armes de notre abbesse et du chapitre. Passé audit Boussier aux Dames, le 24 août 1698. Signé: L'abbesse de Boussier Anne. Simiane de Moncha. — S. F. Roucetz, — M. de Bel-Castel, — M. Deltz, — M. Danglebermer Coigny." L. S (Arch. centr. de l'O. T. (V.) *Preuves*, 976/B.)

[258]) Elle était née au château de Lunéville: sa mère, qui y avait passé sa jeunesse, en qualité de fille d'honneur, y résida encore après son mariage, auprès de la marquise de Ligniville, sa mère à elle, attachée à Madame la duchessee de Lorraine (M. Int. ms. de M.-A. de Messey).

[259]) P. de la Roche-Tilhac. Etat des cours de l'Europe, a. 1784, p. 40. — Bibl. p. de Nancy, mss. n° 595.

[260]) Les maisons du Châtelet, de Haraucourt, de Lénoncourt et de Ligniville passent en Lorraine, *par une tradition immémoriale*, pour les quatre maisons de l'ancienne chevalerie originaires du duché: elles forment ce que l'on nomme les quatre grands-chevaux de Lorraine (Lionnois, op. cit. I, p. 321). Les Lénoncourt y sont connus depuis 939. La grande chevalerie-pairie du duché, ayant droit de siéger aux *Assises* (tribunal des gentilshommes) et aux *Etats*, s'était formée en corps de justice et en corps politique, à une époque inconnue, mais probablement contemporaire du premier duc héréditaire, Gérard d'Alsace. Dès 1390, on trouve des traces de ses sessions périodiques. Le *Coutumier* de 1519 ne fit que fixer les règlements traditionnels. La naissance seule donnait accès aux *Assises*. Il fallait être gentilhomme de nom et d'armes, ou bien pair-fieffé, c'est à dire posséder une noblesse immémoriale ou descendre par les femmes de cette même noblesse, et tenir fief en Lorraine. (Bonvalet. Les Coutumes du Duché de Lorraine, p. 15 et 25). Ce fut toujours là une condition invariable (Bermann, Dissertation sur l'anc. Chev. l. p. 30 et 104. — De Rogéville, Dict. des O. de L. V° Assises). Dans l'ancienne Chevalerie de Lorraine, il fallait que l'origine de l'illustration de la Maison se perdît dans la nuit des temps (Bermann, op. c.). Il n'y eut pas d'anoblissement pour services militaires avant 1489 (Lepage, Complément au Nob. de L. p. 63); suivant Bermann (op. c. p. 64) cité par Digot (H. de L., II, p. 289), les plus anciens remonteraient à 1382 et 1385, mais ces anoblissements ne sont ni dans Dom Pelletier (Nobiliaire de Lorraine), ni dans la layette *Anoblissements*, au Trésor des Chartes de Lorraine, et les plus anciens que l'on y trouve sont des années 1456, 1464, 1470 (Nos 31, 73, 216). Selon Servais (Annales du Barrois, I, p. 132 et 148), il n'y en aurait pas eu antérieurement aux dernières années du règne de Charles II, mort en 1431, ou même celui de René Ier son successeur. Telle est aussi l'opinion de Dom Calmet, H. de L., 2e Edit., V. prélim. col. ciij), et d'après les termes de la Coutume de 1594, il n'y avait en Lorraine, avant la seconde moitié du XVe siècle que deux classes: les gentilshommes-fieffés ou membres de l'ancienne Chevalerie, et les roturiers „francs de priviléges et immunités immémoriales, les autres par leurs estatz et offices, et les autres à cause de lieux de leurs demeurances" ou les roturiers non francs.

[261]) Bibl. p. de Nancy, mss. n° 595 (Système de Bouxières [ou rançais]). — On nous a communiqué, en copie authentique certifiée par des membres de la grande chevalerie de Lorraine, les preuves faites à Remiremont par Madame Angélique de Messey, le 18 mai 1744, de 8 lignes (de cinq générations chacune), du côté paternel, établies d'après le système allemand, avec les alliances et les armes, et formant 32 quartiers du côté paternel, avec déclaration authentique que Madame de Messey fut alors dispensée de prouver ses 32 quartiers maternels, attendu que ses lignes maternelles, appartenant *toutes* à la grande chevalerie de Lorraine, étaient depuis longtemps jurées à ce chapitre. Le cartulaire Marquis (Bibl. p. de Nancy, mss. n° 1008) corrobore ces faits (V. aussi au Chapitre des *preuves* pour l'arbre à 64 quartiers)). — Outre Madame Angélique de Messey, nous trouvons au chapitre de Remiremont, Madame Béatrix-Athanase de Messey de Bielle (1785), morte en 1827; Madame Marie-Auguste-Hélène de Messey de Vingles (1785), morte à Nancy, le 1er décembre 1811: Madame Marie-Pétronille de Messey-Sandrecourt (1785), morte à Nancy, le 20 avril 1806; au chapitre noble de Halle (Tyrol), Madame Julie-Eléonore-Marie, Comtesse de Messey de Bielle, née le 18 octobre 1779 (Borel

remont, Madame la Comtesse de Lénoncourt, chanoinesse depuis 1723, fut en 1786 l'intermédiaire auprès du chapitre, de la postulation au trône abbatial de la princesse Louise - Adélaïde de Bourbon - Condé, et sa tante de prébende, avant l'élection, sur le désir exprimé par Madame Elisabeth de France et par le prince de Condé[262]). La soeur de sa grand'mère paternelle, la marquise de Lénoncourt, avait été grande-maîtresse du palais de la duchesse douairière Elisabeth-Charlotte de Lorraine, et, après que la princesse-abbesse Anne-Charlotte se fut retirée à Mons, sa grand'mère paternelle occupa cette même charge auprès de celle - ci et remplit la haute et douloureuse mission de ramener à Nancy, ses précieux restes[263]). Les services rendus par les Messey, et leur grande situation d'influence, soit par euxmêmes, soit par leurs alliances, nous expliquent les bienfaits de Stanislas, de Louis XVI et de Madame Elisabeth envers le chapitre de Bouxières, et le succès des démarches de Madame l'abbesse, Comtesse Angélique de Messey de Bielle[264]). Dernière dignitaire d'un chapitre, alors plus honoré, plus riche et plus nombreux que jamais[265]), elle nous a transmis un témoignage de sa grandeur d'âme et de son courage civique, à l'heure de la violence, dans cette énergique protestation contre la suppression des couvents religieux par l'Assemblée nationale, transcrite au *Registre du chapitre de Bouxières*, coté et paraphé M. - F. - A. Messey, qui se trouve à la Bibl. p. de Nancy, mss. n° 594, du 26 mai 1790 au 13 janvier 1791, et qui témoigne pour la noble fille des Ligniville, et pour son insigne et pieuse compagnie.

Marie - Françoise - Angélique de Messey (1794).

---

d'Hauterive, Annuaire de la noblesse (1846 et 1856). Cet illustre lignage est représenté en Autriche et en France. Un Messey est chevalier de justice de l'Ordre de Malte (Grand-prieuré de Bohême-Autriche), et, au chapitre noble de Mons, on trouve encore Marie-Charlotte - Justine, soeur de notre abbesse, 1758..

262) V. plus haut, note 171.

263) Mém. Int. ms. de Marie-Antoinette de Messey.

264) La lettre autographe de la reine Marie-Antoinette adressée à Madame l'Abbesse de Bouxières, que nous donnons ici, a été copiée sur l'original, appartenant à Madame la comtesse de Laugier - Villars, nièce de la destinataire. Elle est inédite et confirme une fois de plus ce que nous disons de la situation des Messey à la cour de France.

„En faisant nommer Madame de Fontanges*) à une prébende de votre Chapitre, Madame, j'avais eu grand plaisir à fixer son établissement auprès de Mr l'Evêque de Nancy; la prébende n'ayant pas vaqué, j'ai pensé, d'aprés les bons témoignages qui m'ont été rendus de Madame de Fontanges, que votre Coadjutorerie pourrait remplir le même but, et que Mr de Nancy, lié par un intérêt aussi particulier au Chapitre de Bouxières, acquèrerait plus de titres et de moyens pour lui être utile dans les circonstances essentielles où il se trouve.

Vous devez avoir eu occasion, Madame, de connaître Madame de Fontanges; si votre opinion est conforme à ce qui m'est revenu de ses qualités personnelles, je vous serai obligée de la proposer, à votre Chapitre, pour votre Coadjutrice, et j'espère qu'il aura tout lieu de se louer de votre choix.

Vous connaissez, Madame, l'intérêt que j'ai toujours pris à votre famille, et vous ne devez pas douter de mon estime et de mes sentiments pour vous.

Ce 24 janvier 1785.

Marie-Antoinette".

*) Melle de Fontanges fut apprébendée (prébende de la crosse), en 1785, puis nommée coadjutrice, le 26 juin 1786. — Son oncle François de Fontanges fut le 2e évêque de Nancy, entre L.-A. de la Tour-du-Pin-Montauban, nommé en 1778, et A.-L.-Henri de La Fare, nommé en 1787, après que M. de Fontanges fut devenu archevêque de Toulouse.

265) D'après les listes officielles, il y a, en 1783—1784, y compris l'abbesse, 8 chanoinesses et 6 dames nièces; en 1784 — 1785, 7 chanoinesses et 4 dames nièces; en 1785—1786, 8 chanoinesses et 5 dames nièces; en 1786—1787, 7 chanoinesses et 5 dames nièces, et, en 1787—1788, 26 chanoinesses, dames nièces comprises. Rien qu'en 1786, on compte 9 dames nièces, nommées en vertu du décret de translation et depuis ce décret jusqu'en 1788, dix dames tantes, 9 dames nièces, 24 secondes nièces. Si le chapitre ne comprend en 1790 que 13 dames chanoinesses, c'est que la tempête qui va éclater a déjà fait son oeuvre d'épouvante. La Bibl. p. de Nancy, mss., possède les originaux des dix arbres de lignes des dix dames nièces, nommées en 1786, avec les preuves de la cour renforcées de côté maternel (mss. n° 2007) On nous signale les trois prébendes fondées par Madame Adélaïde de France, et parmi les grands mariages faits par des dames de Bouxières, ceux de Anne-Marie-Caroline-Albertine de Pouilly avec le comte de Briey (Son petit-fils est le comte Marie Albert de Briey, évêque de Saint Dié), et de Aglaé-Marie-Madelaine du Bosc de Radepont avec le marquis de Montant, dont la fille épousa, en 1820, le marquis de Dreux-Brézé, pair de France (V. aussi Bibl. p. de Nancy. mss. n° 1007 et nos 590—596).

VI.

Abbaye et insigne Eglise, Collégiale et Séculière, de Saint-Louis (Metz).

Armes de Saint-Pierre gardées par Saint-Louis [266]).

Ce Chapitre noble avait été formé par la réunion au monastère de Saint-Pierre-aux-Nonains, de celui de Sainte-Marie, et la transformation en une abbaye séculière fut accomplie, en 1762, avec l'autorisation du roi Louis XV. Saint-Pierre avait été fondé en 620 par le duc Eleuthère, maire du palais, sous les règnes de Théodoric et de Théodebert, fils de Childebert. Waldrade en fut la première abbesse [267]). Ce monastère était à son origine très-considérable et ne devait pas contenir moins de 500 religieuses. Il avait été bâti sur l'emplacement de la citadelle actuelle. Le fondateur le dota de tous ses biens, et Waldrade lui fit présent d'une riche succession qui lui était échue. Il fut transféré, en 1562, à la Maladrerie de Saint-Antoine de Pont-à-Mousson. Sainte-Marie remonte à la fin du Xe siècle. Adalbéron II, 48e évêque de Metz en fut le fondateur; le monastère fut aussi déplacé pour la construction de la citadelle et reporté à l'hôpital du Pont Saint-Jean.

Madame Charlotte-Eugénie de Choiseul-Stainville, chanoinesse de Remiremont, ayant été nommée par Louis XV, abbesse de Saint-Pierre, et voyant que ces deux établissements touchaient au moment d'une ruine certaine, demanda au Saint-Siége, avec l'agrément du roi, leur union et leur transformation. Le pape Clément XIII y consentit en 1764 et la bulle fut appouvée par de nouvelles Lettres patentes royales, enregistrées au mois de janvier 1765 [268]). Saint-Louis se compose d'une abbesse et d'une doyenne, à la nomination du Roi parmi les chanoinesses. Celles-ci nomment leurs coadjutrices (nièces) qui doivent avoir l'indigénat et faire les preuves de la cour, ainsi qu'il résulte des lettres patentes données par Louis XVI, à Versailles, en mars 1779 [269]).

La marque distinctive accordée à ces Dames, par Lettres patentes, datées de Compiègne, en Conseil d'Etat, le 22 août 1766, fut une croix d'or à huit pointes, émaillée de blanc, surmontée d'une couronne royale. Le médaillon central est en émail bleu, chargé du chiffre de Saint-Louis et offrant au revers la légende: LUDOVICI DECIMI QUINTI MUNIFICENTIA. Le ruban est blanc, liseré de bleu.

En voici le dessin, fait d'après cette description:

Décoration du chapitre de Saint-Louis de Metz.

La Révolution mit fin à son existence: nous n'avons pu même en retrouver à Metz, ni à Paris les archives. Nous y voyons, en 1784, Madame de Choiseul, abbesse, et Mohr de Waldt, doyenne, 12 chanoinesses et 9 coadjutrices; en 1785, le même personnel, moins une des chanoinesses précédentes; en 1786, 21 chanoinesses coadjutrices; en 1787, 17 chanoinesses.

266) Archiv. Nat. (Paris). Armorial général ms. de d'Hozier, fol. 325, „L'abbesse et chanoinesses de l'Abbaye de Saint-Pierre de Méts" armes conservées par l'abbaye de Saint-Louis.

267) La France chevaleresque et chapitrale, p. 189—190. — P. de la Roche Tilhac. Etat des cours de l'Europe (1784—1787).

268) La France ecclésiastique pour l'année 1788, p. 199 et 200. — Statuts et règlements de l'abbaye et insigne église collégiale et séculière de Saint-Louis de Metz (Paris. Le Prieur, 1767, in 8°) passim et surtout p. 365—472.

269) V. au Chapitre des *preuves*.

Abbaye séculière et insigne de Sainte-Glossinde (Metz).

Armes de l'abbaye [270]).

Cette abbaye fut instituée, en 650, par Sainte-Glossinde, fille de Vintron, Comte de Champagne. L'évêque Adalberon Ier réforma et rebâtit ce monastère, vers l'an 945, et y établit pour première abbesse, depuis la réforme, sa nièce Himiltrude, qui vivait en 951. Agnès, dénommée dans la vie de Thierry Ier, évêque de Metz, écrite par Sigebert de Gemblours sur la fin du Xe siècle, avait suc-

270) Arch. Nationales (Paris). Armorial général ms. de d'Hozier, f. 123; blason de l'abbaye royale des *Bénédictines de Sainte Glossinde de Mèts*.

cédé à Himiltrude dans le gouvernement de ce monastère. Autrefois les Dames de Sainte-Glossinde avaient le droit d'élire leur abbesse et vivaient sans clôture. La reine Anne d'Autriche, ayant résolu de réformer les monastères de filles du royaume et de les obliger aux voeux et à la clôture, fit nommer abbesse à Sainte-Glossinde, en 1647, Louise de Foix de Candale, qui avait fait profession suivant la réforme, à Notre-Dame de Xainte, et qui avait promis d'introduire la clôture; mais elle n'en fit rien, et le Roi lui donna pour coadjutrice, en 1680, Marie-Texier de Hautefeuille, dont nous avons retrouvé les armes.

Armes de Marie Texier de Hautefeuille[271]).

L'abbesse Louise de Foix se retira en Barrois, avec une pension de 3000 livres. On donna 450 livres de pension aux chanoinesses qui voulurent s'éloigner et la réforme fut bientôt un fait accompli par Madame Marie Texier de Hautefeuille, la nouvelle dignitaire. Les abbesses et Dames chanoinesses appartenaient aux meilleures familles de la noblesse messine[272]).

Abbaye régulière et insigne de Saint-Maur (Verdun).

Armes des Bénédictines de Saint-Maur[273]).

Cette abbaye garda la régularité, mais les abbesses et les chanoinesses appartinrent pendant plusieurs siècles à la plus haute noblesse de la Lorraine[274]).

[271]) Arch. Nationales (Paris). Armorial général ms. de d'Hozier, fol. 167.

[272]) Dom Calmet. N. de la L. I, p. 854.

[273]) Arch. Nationales (Paris). Armorial général ms. de d'Hozier, fol. 29.

[274]) D. C. H. de L. III. cxlix et ccv.

Dames prêcheresses (Nancy).

Armes des Dames prêcheresses[275]).

Depuis sa fondation, en 1298, jusque sous le règne du duc Charles IV, ce monastère était un véritable chapitre noble. Les religieuses portaient le titre de dames, même de dames-dames ou d'honorées dames. Elles faisaient des preuves de noblesse et n'admettaient que des demoiselles de qualité. Les tombes des anciennes religieuses en témoignaient encore du temps de Lionnois: elles étaient armoriées aux quatre angles et portaient les plus beaux noms ; il en est de même de leur nécrologe, où se trouvent représentés toute l'ancienne chevalerie et la noblesse de nom et d'armes de Lorraine. Elles avaient une abbesse, une trésorière et une cellérière de leur Eglise. Elles vivaient chacune dans sa maison à part. Il n'y avait pas de clôture. Vers 1640, eut lieu la réforme sous le gouvernement de Madame Elisabeth de Bildstein, abbesse. Les anciennes Dames se retirèrent chez leurs parents et la règle fut établie au monastère. Nous noterons que les épitaphes relevées par Lionnois, de 1433 à 1765, n'indiquent que les noms les plus anciens et les plus illustres[277]) et voici un acte d'échange authentique du 13 janvier 1605, qui l'établira encore mieux, car il donne le nom de toutes les capitulantes: Susanne de Custine, prieuse; Anné de Pouilly, sous-prieuse et cellérière; Claude de Vergy; Adriane de Mitry; Catherine de Haraucourt; Marie de Saint-Baussant; Jeanne du Houx; Marguerite de Tillon.

Nous nous bornons à cette revue rapide des chapitres nobles les moins importants, au point de vue surtout de leur moins longue durée d'existence, et, après nous être arrêté trop longtemps peut-être aux grandes abbayes immédiates, insignes et séculières, dont nous avons écrit les annales avec le sentiment de respect que nous inspireront toujours les personnages et les institutions du passé, nous avons hâte de traiter la question des *preuves de noblesse* imposées aux aspirantes, avant d'entrer dans ces chapitres nobles de Lorraine.

Nous donnons ici d'après une gravure publiée par Friry, la vue de ce qui reste debout du chapitre noble de Remiremont: les vastes proportions de la nef de l'é-

[275]) Arch. Nationales (Paris). Armorial général ms. de 1696 fol. 564.

[276]) Lionnois, M. de Nancy, I, p. 266 et s.

[277]) Lionnois, l. c. I, p. 279—280

glise collégiale rappellent bien l'importance ancienne de l'abbaye, et, à cette occasion, nous ne devons pas oublier de mentionner que les voûtes de cette église abritent encore aujourd'hui la *Vierge du Trésor*, de Charlemagne, précieuse épave entre toutes les richesses de la sacristie chapitrale, „l'une des plus riches de l'Europe", d'après l'abbé Didelot, avec la couronne d'or originaire, que la famille Thouvenel a rendue à l'église, après l'avoir rachetée et sauvée, en se réservant comme un pieux privilége le droit d'entretenir l'image miraculeuse. Que de choses anéanties par l'imbécillité revolutionnaire! Que de choses détournées par la cupidité et la malhonnêteté individuelles! On peut s'étonner après cela, qu'il reste encore des *Chapitres nobles de Lorraine*, quelque souvenir et quelque monument, qui puissent servir à en reconstituer l'histoire et à en restituer la physionomie.

Ce qu'il était possible de faire, nous espérons l'avoir fait, et nous offrons ici nos vives actions de grâces à tous ceux qui nous ont aidé dans cette oeuvre.

Vestiges de l'abbatiale de Remiremont.

Deuxième partie.

PREUVES DE NOBLESSE. RÈGLEMENTS, COUTUMES ET MÉTHODES, LIGNES, QUARTIERS, ARBRES GÉNÉALOGIQUES, EXEMPLES, DOCUMENTS.

Nous arrivons sans préambule au coeur de notre sujet. Il existe une très-grande différence entre les preuves françaises et les preuves allemandes, et, d'un autre côté, les coutumes des chapitres nobles de Lorraine variaient aussi.

Cette distinction a été faite dans les Lettres patentes du grand-chapitre de Strasbourg, que nous citons simplement ici à l'appui de notre dire et comme démonstration du fait[278]. „ . . . Les dits statuts et règlements portent entre autres choses que nul Français ne sera reçu chanoine, s'il ne descend d'un père qui soit prince ou duc, et dont le grand-père, le bisayeul et le trisayeul ayent été paraillement princes ou ducs, et d'une mère dont le père, le grand-père et le bisayeul ne soient d'une noblesse très ancienne et illustre de nom et d'armes; que nul Allemand ne sera aussi reçu chanoine, s'il ne descend d'un père, d'un grand-père, d'un bisayeul et d'un trisayeul princes ou comtes de l'empire, et d'une mère dont le père, le grand-père et le bisayeul soient princes ou comtes, ayant voix et séance dans les Diètes générales de l'empire, et dont les collatéraux du côté du père et de la mère soient de noblesse illustre, et qui soient déjà reçus ou capables de l'être dans les autres chapitres d'Allemagne où l'on fait preuve de noblesse"[279]).

Voilà deux systêmes en présence.

Dans l'un, le français, on remonte l'ascendance paternelle de mâle en mâle, et il ne doit se rencontrer ni dérogeance, ni mésalliance; puis on remonte l'ascendance paternelle de la mère, ou, en d'autres termes, en prouve la noblesse du sang de la mère; il ne doit y avoir non plus ici ni dérogeance, ni mésalliance. Le chef de chacune des lignes doit être gentilhomme de nom et d'armes ou tout au moins posséder la noblesse d'extraction. Dans l'autre, il faut établir par les ancêtres directs et les ancêtres de ceux-ci trois degrés paternels et maternels, ce qui équivaut à seize quartiers, résultat identique à celui du premier systême, mais à l'aide d'une autre méthode, c'est-à-dire pureté intacte et légitimité de la race jusqu'à une époque très ancienne. Nous trouverons des exemples de ces deux systêmes dans les chapitres de Lorraine[280]), et

[278]) Lettres patentes datées de Versailles, en juillet 1713, signées Louis, et scellées du grand sceau de cire verte; enregistrées le 22 août (Archives de Strasbourg. Recueil des édits, déclarations, lettres patentes, arrêts du conseil d'Etat et du conseil souverain d'Alsace, ordonnances et règlements, concernant cette province, avec des observations par M. de Boug, premier président du Conseil souverain d'Alsace, I, 1657—1725, p. 423).

[279]) Preuves à faire par un Français, d'après le modèle joint aux Lettres patentes de 1713:

4 ⌗ ☒ 8
3 ⌗ ☒ 7
2 ⌗ ☒ 6
1 ⌗ ☒ 5
⌗ — Chanoine à recevoir.

⌗ Princes ou ducs, 1, 2, 3, 4. Côté paternel, ascendance paternelle.

☒ Nobles de noblesse très-ancienne de nom et d'armes,

5, 6, 7, 8 mère et son ascendance paternelle.

Preuves à faire par un Allemand:

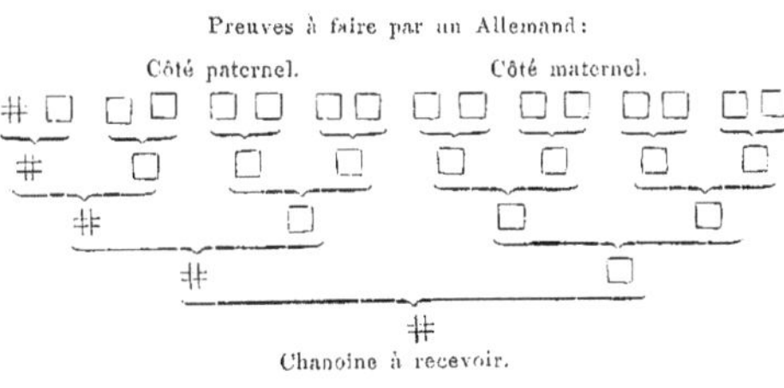

⌗ Princes ou comtes d'empire.

☐ Noblesse suffisante pour être reçu dans les chapitres d'Allemagne.

[280]) Voici quelques exemples du systême françris de *preuves*, en France. — Chapitre nobles des chanoinesses-comtesses d'Alix (Diocèse de Lyon). „Pour être admise, il fallait prouver, sans anoblissement connu, huit degrés de noblesse paternelle, en y comprenant la présentée, et trois degrés de noblesse maternelle, la présentée faisant le quatrième (arrêt de Louis XV, de 1754)". — Chapitre noble d'Avesnes (Diocèse d'Arras). Les preuves étaient de huit degrés de noblesse militaire, quatre du côté paternel et quatre du côté maternel, la présentée non comprise. — Chapitre noble de Baume-les-Dames (Diocèse de Besançon). Mêmes preuves. — Chapitre noble de Blesse (Diocèse de Saint-Flour). Noblesse de race, quatre générations. — Chapitre royal des chanoinesses-comtesses de Bourbourg (Dép. du Nord). Noblesse de race depuis 1399. En septembre 1782, Marie - Antoinette permit au chapitre de se qualifier de

nous verrons même exiger dans le premier système plus que les preuves de la cour de France, c'est à dire jusqu'en 1400 inclusivement (1399) du côté paternel, et sept pères de la mère de la chanoinesse aspirante, et, dans le second, la preuve de la noblesse du sang des auteurs du chef de chacune des deux lignes paternelle et maternelle. Il est de principe que les stalles de nos chapitres ne sont accessibles qu'à la noblesse d'épée; la sévérité dans la vérification, l'admission et le jurement des preuves ne se dément jamais; souvent on établit une plus longue suite d'aïeux qu'il n'est régulièrement nécessaire; souvent aussi on résiste aux ordres du duc ou du roi, lorsqu'on trouve les preuves insuffisantes et l'on ne cède que devant la Lettre de cachet. La réciprocité des preuves avec l'Alsace et l'Allemagne donne aux certificats de nos chapitres lorrains valeur probante. Voilà ce que nous allons essayer d'établir.

„Avant les règlements du XVIIIe siècle, les preuves de noblesse étaient dans les quatre chapitres (Remiremont, Epinal, Poussay, Bouxières) de 16 quartiers, dont 8 paternels et 8 maternels, qu'il fallait faire remonter à 200 ans au-delà, sans anoblissement connu“[281]. A Remiremont, ces quartiers s'établissaient d'après la méthode allemande, si nous en croyons l'arbre généalogique de Madame l'abbesse Charlotte-Elisabeth (1702), inscrit au Registre capitulaire[282]; ou encore celui d'une chanoinesse moins illustre, Madame Honorine de Pouilly-Lançon, morte en 1691, d'après le Recueil ms. déjà cité[283]. Cet arbre généalogique est composé absolument d'après le même système, et donne pour résultat aussi les 16 quartiers. Ajoutons immédiatement qu'il fallait prouver la noblesse militaire et de race des 16 quartiers, ce qui donnait en somme 32 quartiers. (62 aïeux)[284]. Ceci nous sera rendu plus palpable par l'arbre généalogique de Charles-Alexandre de Lorraine, dressé en 1761, lors de son élection à la haute dignité de grand-maître et maître d'Allemagne de l'Ordre Teutonique, d'après l'original[285]. Mais, à Remiremont, les Réglements de 1735, rendus et publiés dans les circonstances que nous avons dites, modifièrent ce mode de procédure. On exigea quatre lignes paternelles et quatre maternelles, mais avec 200 ans de filiation dans chaque ligne, à partir du jour où les lignes furent présentées au chapitre. Il s'agit de lignes ascendantes directes et non plus de quartiers comme dans le système antérieur[286]). Ce système équivalait du reste à 32 quartiers paternels et à 32 quartiers maternels, de noblesse d'extraction, sur la base d'une durée de 200 an-

---

chapitre de la Reine et prit elle-même le titre de première chanoinesse. — Chapitre noble des chanoinesses - comtesses de N.-D. de Coysse en l'Argentière (Diocèse de Lyon). Huit degrés de noblesse de la présentée, du côté paternel, jusqu'au 7e aïeul, et trois degrés de noblesse maternelle jusqu'au bisaïeul (statuts de mars 1779, enregistrés au parlement, le 8 juin 1780, Art. II). — Chapitre noble d'Estrun (Diocèse d'Arras), Huit degrés, dont quatre du côté paternel et quatre du côté maternel. — Chapitre noble de Leigneu (Diocèse de Lyon). Noblesse de race de cinq degrés du côté paternel, et de la mère (Lettres patentes d'avril 1757). — Chapitre du chanoinesses - comtesses de Laveine (Diocèse de Clermont), sous le protectorat de la Reine. Preuves jusqu'en 1399, du côté paternel, et de la noblesse de race de la mère (1772). — Chapitre noble de Montfleuri (Diocèse de Grenoble). Quatre degrés de noblesse paternelle. — Chapitres noble des chanoinesses-comtesses de Neuville en Bresse (Diocèse de Lyon). Neuf générations de noblesse de nom et d'armes, du côté paternel, et trois générations du côté maternel, la présentée non comprise. Il fallait produire un titre honorifique pour le septième aïeul, si l'on ne pouvait remonter plus haut (1775). — Chapitre des chanoinesses - comtesses de Poulangy (Diocèse de Langres) Neuf générationes du côté paternel et trois générations du côté maternel, la présentée non comprise. — Chapitre noble des chanoinesses-comtesses de Saint-Martin-de-Salles (en Beaujolais). Huit générations du côté paternel et trois du côté maternel, la présentée non comprise (1779).

Voici d'un autre côté des exemples du système allemand de *preuves*, en France. — Chapitre noble de Château-Châlons (Diocèse de Besançon). Seize quartiers, dont huit du côté paternel et huit du côté maternel. — Chapitre noble de Denain (a. Diocèse d'Arras). Seize quartiers de noblesse militaire de chaque côté. — Chapitre noble de Lons-le-Saulnier (a. Diocèse de Besançon). Seize quartiers, depuis 1636; avant cette époque, huit quartiers. — Chapitre noble de Maubeuge (Diocèse de Cambray). Huit générations ascendantes de noblesse militaire, et, sur chacune, de sept autres familles ou quartiers paternels et maternels. Le nom devait en outre appartenir à la noblesse chevaleresque, dont l'origine se perdît, sans interruption de service militaire, dans la nuit des temps. — Chapitre noble de Migette (Diocèse de Besançon). Seize quartiers (1730). — Chapitre noble de Montigny (Diocèse de Besançon). Huit quartiers, dont quatre du côté paternel et quatre du côté maternel (Lettres patentes de Philippe II, roi d'Espagne, du 10 mai 1581, et arrêt du conseil d'état de janvier 1732). — Chapitre noble des chanoinesses-baronnes d'Ottmarsheim (Diocèse de Bâle). Seize quartiers de noblesse chevaleresque et chapitrale. — Chapitre noble de Ronceray (Diocèse d'Angers). Huit quartiers.

[281]) Lionnois, H. de N., I, p. 607.

[282]) Bibl. p. de Nancy, mss. 1079, fol. 22 et 1008.

Quartiers paternels.	Quartiers maternels.
1. François de Lorraine.	1. Henry IV, roi de France
2. Christine de Salm.	2. Marie de Médicis.
3. Henry II, duc de Lorraine.	3. Philippe III d'Espagne.
4. Marguerite de Gonzague.	4. Marg., archid. d'Autr.
5. Ferdinand II, emp.	5. Frédéric V, électeur palatin.
6. Marie-Anne de Bavière.	6. Elisabeth d'Angleterre.
7. Charles de Gonzague.	7. Guillaume V, landgr. de Hesse.
8. Marie de Gonzague.	8. Amélie-E., comtesse de Hanau.
Léopold 1er duc de Lorraine.	Elisabeth-Charlotte d'Orléans.

Charlotte-Elisabeth.

[283]) Bibl. p. de Nancy, mss. 1008. — V. aussi. Arch. c. de l'O. T. (Vienne), aux preuves du comte de Hemricourt de Grunne (591) l'arbre généalogique de Madame Françoise G. de Mozet (16 quartiers), chanoinesse de Remiremont en 1718.

[284]) Les archives particulières de M. le Comte A. de Hemricourt de Grunne nous fournissent la preuve que Fr.-Christophorine de Lambertye, son aïeule, avait été reçue au chapitre de Saint-Pierre de Remiremont, dès avant 1699, sur preuves de 32 quartiers: Lambertye, Coulonges, La Douze, La Neuville, Rochechouart, Tournon, Bouillé, Estouteville, Custines, Espinal, Guermange, Lioncourt, Ligniville, Des Armoises, Delconti, Cafati, Lénoncourt. Haraucourt, Choiseul, Ray, Haraucourt, Buissey. Lucy, Craincourt, Joyeuse, Barbenson, Anglure, Inteville, Saulx, Clerembaux, Anglure, Aspremont, Beaucoup de ces lignes étaient lignes *chapitrales* jurées de temps immémorial et appartenaient en autre à la chevalerie-pairie fieffée de Lorraine.

[285]) V. *Appendice. Cinq arbres de lignes.*

[286]) Recueil de Règlemens et Usages de l'Insigne Eglise collégiale et séculière de Saint-Pierre de Remiremont. — Remiremont, 1735, in-4° de 259 pages. — Chap. V, Des preuves de noblesse, p. 64. — Art. 1er „Toutes les demoiselles pour entrer dans l'Eglise de Remiremont, seront choisies et présentées par une dame tante qui a une ou plusieurs places vacantes. Elle commencera par communiquer son arbre de généalogie de quatre lignes paternelles et quatre maternelles, les titres qui les prouvent, l'inventaire de ces mêmes titres: chaque ligne sera prouvée de deux cents ans de filiation, chacune à compter du jour que les lignes seront présentées au chapitre“.

nées, en y comprenant les collatéraux (126 aïeux)[287]). C'est ce que l'on nommait dans la langue du Moyen-Age, „estre de père et mère attraicts chacun de quatre escus". Nous avons sous les yeux une copie authentique de l'arbre généalogique à 64 quartiers de Madame l'abbesse de Messey, dressé et juré lors de son apprébendement à Remiremont. N'ayant reçu cet acte qu'au cours de l'impression de notre étude, nous ne pouvons qu'ajouter quelques lignes au sujet de cette pièce. L'arbre à 6 générations (200 ans) et à 64 quartiers (d'après le système de 1735), a la forme d'un éventail — forme qui a dû être souvent usitée devant l'insigne chapitre, à cause de sa commodité —; à chaque génération, les feuilles de l'éventail se dédoublent, de sorte qu'il n'y a qu'une feuille ou case à l'angle inférieur, qu'il y en a 2 à la 1e génération, 4 à la 2e, 8 à la 3e, 16 à la 4e, 32 à la 5e, 64 à la 6e et par conséquent à la circonférence de l'éventail. Les noms et qualités sont inscrits sur les feuilles; les armes sont décrites au verso du parchemin, et c'est là un riche *éventail de famille*, si l'on songe surtout qu'il date de plus d'un siècle, sur la base de 200 ans de noblesse *sur tous les points*, en y comprenant les collatéraux. Stanislas essaya, par son Ordonnance du 20 janvier 1761, relative aux quatre chapitres nobles, de réduire d'une façon uniforme les preuves à seize quartiers ou degrés de noblesse des deux côtés; mais il n'y réussit pas, à Remiremont qui continua à observer ses Règlements de 1735, relativement aux 64 quartiers[288]). A Epinal, nous trouvons une publication spéciale de l'Arrêt de 1761, faite en 1762[289]), ce qui semblerait prouver qu'on se soumit, et cependant nous voyons aux Archives[290]), en 1782, parmi les preuves de noblesse, Mlle M.-Ph.-J. de Montesquiou-Fezensac (12 degrés de noblesse du côté paternel et noblesse remontant jusqu'en 1070, 12 générations nobles et plus de 440 ans de noblesse du côté maternel); Mlle de Reinach (9 degrés et 250 ans de noblesse du côté paternel, et 6 du côté maternel pour la famille de Ferrette); Mlle Henriette de Saucières (10 filiations et plus de 300 ans de noblesse, côté paternel, 9 générations et plus de 250 ans de noblesse, côté maternel); Mlle de Crèvecoeur (15 générations et plus de 600 ans de noblesse du côté paternel, et, du côté maternel, six générations)[291]). Cela est loin d'établir que le chapitre s'en soit tenu à l'ordonnance de 1761: cela prouverait bien plutôt qu'il suivait des errements anciens. A Poussay, nous voulons bien admettre, vu l'absence de documents contraires, que l'arrêt de 1761 fit loi, et cependant nous avons entre les mains un arbre généalogique original de 1780, qui établit d'après le mode français la ligne paternelle ascendante directe de la demoiselle apprébendée, à 8 degrés (400 ans), sans même indiquer les noms des femmes, et la ligne paternelle ascendante directe de sa mère, à 7 générations au dessus de celle-ci, soit 8 degrés (400 ans), sans même indiquer les noms des femmes, ce qui n'est nullement en harmonie avec l'ordonnance de 1761. Cet arbre est joint au procès-verbal d'apprébendement que nous avons donné en entier dans la première partie de ce travail[292]). Nous pourrions donc sérieusement mettre aussi en doute l'exécution de l'ordonnance par Mesdames de Poussay. Quant à Bouxières, voici ce que nous lisons dans le *Mémoire* de 1763, déjà cité[293]) „Selon l'usage gardé de tout temps, on ne doit recevoir des filles qui ne soient bien reconnues d'ancienne maison et ne fassent apparoire de leurs lignes, lesquelles seront affirmées par paroles de gentilshommes de l'ancienne chevalerie. — Les quatre lignes paternelles et les quatre maternelles seront de noblesse ancienne et militaire, et les huit noms qu'elles portent prouvés jusqu'à 200 ans, sans dérogeance ni mésalliance[294])". Nous voulons bien admettre que Bouxières accepta l'arrêt de 1761; du reste, selon Lionnois[295]) et selon H. Lepage[296]), en obtenant les patentes de sa translation à Bon-Secours (Nancy), le chapitre fut autorisé à exiger, pour le côté paternel, plus que les preuves de la cour, c'est à dire jusqu'en 1400 inclusivement, et huit degrés du côté maternel. Nous avons sous les yeux une copie authentique du Règlement (portant les signatures autographes de l'archevêque de Toulouse et de l'abbesse de Bouxières) pour l'Eglise de Bouxières, lu et convenu en l'assemblée capitulaire, le 7 octobre 1786, qui confirme le dire de nos auteurs[297]). Nous ne nous arrê-

---

[287]) V. à la fin, *Cinq arbres de lignes des différents systèmes.*

[288]) Recueil des Ordonnances de Lorraine, X, p. 124. Arrêt du 20 janvier 1761, au sujet de l'élection aux dignités et des preuves dans les quatre chapitres de dames situés en Lorraine, enregistré par la cour souveraine, le 3 mars suivant . . . . „Art. 2. Ordonnons qu'à l'avenir, dans les quatre chapitres de Lorraine: de Remiremont, Bouxières, Epinal et Poussay, les preuves de noblesse, pour y avoir entrée, seront faites de huit degrés du côté paternel, au lieu de quatre; restreignant celles du côté maternel aux mêmes huit degrés, pour la dernière mère seulement. — Art. 3. Ne seront admis à l'avenir aux dignités et prébendes que nos propres sujets, ou naturalisés, et ceux du Roi très-chrétien faisant profession de la religion catholique, apostolique et romaine, ayant les autres qualités requises, à l'exclusion de ceux d'Alsace, à moins que nosdits sujets et ceux de France ne soient reçus dans les chapitres de ladite province, en faisant les preuves réglées par leurs statuts . . ."

[289]) „Dispositif de l'Arrest du Conseil d'Etat de Sa Majesté le roy de Pologne, duc de Lorraine et de Bar, faisant règlement pour l'insigne chapitre d'Epinal, du vingt janvier 1761. A Nancy. Pierre Antoine, 1762; petit in-folio de 182 pages. V. *Qualités requises pour être reçues dames, cccxxxx*, et Arch. d'Epinal, G, 207. S.

[290]) Arch. d'Epinal, G, 115.

[291]) Arch. d'Epinal. V. aussi G, 137, 152.

[292]) On trouve dans *Les Chapitres nobles de Dames* par Ducas Paris 1843, qu'à Epinal il fallait faire preuve de neuf générations de noblesse chevaleresque des deux côtés. Nous n'avons pu vérifier l'exactitende de cette assertion. — On y trouve, p. 459, qu'à Poussay les preuves étaient de neuf générations de noblesse chevaleresque des deux côtés (même observation). — On y trouve, p. 463, la même règle pour Remiremont (même observation). — Ces données ne modifient en rien notre déduction; nous les indiquons afin d'être aussi complet que possible, sans y attacher d'importance.

[293]) Bibl. p. de Nancy. — H. Lepage, l. c. p. 40.

[294]) V. plus haut, le certificat de 1698, qui a été délivré en vertu de cet usage ancien, par Anne-Simiane de Moncha, abbesse, et par le chapitre de Bouxières.

[295]) Lionnois, H. de N., I, p. 607.

[296]) H. Lepage, l. c. p. 67.

[297]) Bibl. p. de Nancy, mss. n° 595, I, fol. 287—290. Recueil de pièces relatives à l'abbaye de Bouxières. — Règlement . . . I. partie, Ch. IV, Sect. II. De la Noblesse. — „Art. I. Toutes les dames du chapitre, sous le bon plaisir du Roy, feront preuve du côté paternel d'une noblesse d'extraction et d'une filiation non interrompue qui remonte à l'an 1400 jusqu'à la fin du siècle actuel et à 400 ans lorsqu'il sera fini, et du côté maternel, à huit générations, c'est à dire à

terons plus qu'aux preuves devant le chapitre de Saint-Louis de Metz, pour faire remarquer que Louis XVI, par ses Lettres patentes, données à Versailles en mars 1779, imposa aux chanoinesses du nouvel institut aristocratique les mêmes preuves de noblesse du côté paternel, mais 3 degrés seulement du côté maternel, comme pour les preuves de la cour, ce qui s'entend par ces mots: preuve de la noblesse du sang de la mère, la noblesse de race ne s'acquérant qu'à la 4e génération[298]).

Les preuves étaient déposées trois mois avant qu'il fût prononcé sur leur admission ou rejet; les actes à fournir à l'appui de l'arbre de lignes devaient avoir un caractère indiscutable, les preuves étaient ensuite jurées à Poussay et à Epinal par trois gentilshommes de nom et d'armes, en une seule fois, et à Bouxières, par trois gentilshommes aussi, en une ou plusieurs fois. Remiremont et Bouxières avaient leurs généalogistes; Epinal et Poussay, leurs écolâtres; Saint-Louis était soumis au généalogiste de la cour. A Remiremont, il n'y avait lieu au jurement des trois chevaliers, avant la cérémonie de l'apprébendement, qu'au cas de doute. Quant à la sévérité des chapitres, elle est hors de conteste, dans des cas même où ils avaient à encourir la disgrâce du pouvoir[299]). Remiremont surtout garda jusqu'à la fin un renom de grande rigidité dans les questions de preuves[300]). Aussi comprenons-nous bien que les dames de Remiremont eussent leurs grandes et petites entrées à toutes les cours, et même à la cour de France, si esclave de l'étiquette, depuis Louis XVI, et cela par un privilége spécial qui ne s'étendit qu'ensuite à Bouxières et à Saint-Louis, lorsque ces abbayes eurent les preuves de la cour[301]).

La réciprocité avec les chapitres de Lorraine fut demandée non seulement pour les preuves, mais aussi pour l'entrée des stalles capitulaires par les chapitres d'Alsace, Andlau, Ottmarsheim et Massevaux, à la condition que les Lorraines et les Françaises se conformeraient aux règles sur les preuves. Celle fut la conséquence la plus notable de l'arrêt de 1761. Cette déclaration des chapitres d'Alsace fut enregistrée par la cour souveraine de Lorraine, le 28 mars 1764. Cet enregistrement fut suivi d'un Règlement du conseil d'état de Lorraine, en date du 23 avril 1765, relatif aux chapitres et confirmatif de l'arrêt de 1761. Il ne fut rien changé à l'article 4 de celui de Saint-Louis. Quant à la réciprocité des preuves, entre les chapitres de Lorraine et ceux d'Allemagne et d'Alsace; nous lisons dans le Mémoire de 1763[302]): „Les attestations et certificats des hauts chapitres d'Allemagne sont reçus pour preuve, en justifiant par contrats de mariage et extraits de baptême, que la demoiselle présentée est issue des maisons mentionnées dans lesdits certificats, ou en prouvant qu'elle a dans lesdits chapitres soit un frère germain, soit un oncle paternel et un oncle maternel". Ce fait est étendu aux chapitres d'Alsace par Guinot, dans son livre, et, en ce qui concerne la coutume de réciprocité qui s'était établie entre tous les grands chapitres, nous en avons le témoignage irrécusable dans une série de documents que nous avons rencontrés aux Archives centrales de l'Ordre Teutonique (Vienne)[303]). D'après Ducas,

---

sept pères de la mère de la demoiselle présentée". — V. aussi, mss. nº 1007, Arbres de lignes originaux de dix chanoinesses.

[298]) La France chevaleresque et chapitrale, p. 190. — P. de la Roche-Tilhac. Etat des cours de l'Europe, a. 1785, p. 43 et s. — La France ecclésiastique, a. 1788, p. 199 et 200. — Statuts et règlements de l'abbaye et insigne église collégiale et séculière de Saint-Louis de Metz (Paris, 1787, in 8º, p. 354—472). „Art. 3. Aucune aspirante ne pourra être admise comme coadjutrice dans ledit chapitre, qu'elle n'ait fait preuve de noblesse d'extraction et d'une filiation non interrompue du côté paternel, jusqu'à l'année 1400 pour toutes celles qui se présenteront avant l'an 1800, et en remontant jusqu'à 400 ans pour celles qui se présenteront après ladite année 1800. Il sera de plus fait preuve par chaque coadjutrice de la noblesse du sang de la mère. Nous commettons par ces présentes le généalogiste de nos ordres à l'effet d'examiner, vérifier les susdites preuves . . . — Art. 4. Aucune coadjutrice ne sera reçue, qu'elle ne soit née dans nos Etats et de père et de mère nos sujets". M. le Comte Anatole de Bremond d'Ars, Marquis de Migré, dont les tantes, M.-Suzanne de Bremond d'Ars, chanoinesse, puis doyenne de Saint-Louis, et M.-S.-Fr.-M.-Sophie de Bremond d'Ars, coadjutrice au même chapitre, ont été reçues en 1767 et 1782, sur les preuves faites devant Chérin, nous communique le mémorial du généalogiste de la cour, dont le dispositif mérite d'être reproduit.

1º Pour la comtesse Suzanne. „Nous, Bernard Chérin, Premier commis du Cabinet des Ordres du Roy et Commissaire nommé par arrêt de son Conseil d'Etat du 20 novembre 1767, pour certifier à Sa Majesté les preuves de Noblesse des Demoiselles présentées pour être reçues Chanoinesses du chapitre Royal et seculier de Saint-Louis de la ville de Metz, certifions au Roy que nous avons vu et examiné les titres produits par Demoiselle Marie-Suzanne de Bremond d'Ars, présentée pour être reçue Chanoinesse du dit Chapitre et visés dans le présent Mémorial, et qu'elle a satisfait aux paragraphes I, II, III, IV, V et XI de l'article IV du chapitre Ier des Règlements du même Chapitre du 20 may 1765, et à l'arrest du conseil d'Etat de Sa Majesté du 22 août 1766. — En foi de quoi nous avons signé le présent Mémorial, à Paris, ce vingt-quatrième jour de Novembre, Mil sept cent soixante sept.

Signé: Chérin.

2º Pour la Comtesse Sophie. Le dispositif est le même; il se réfère au précédent, en invoquant le fait des *trisayeux communs*; il est daté du 20 septembre 1782 et signé de même.

[299]) Nous avons un témoignage authentique de cette rigidité, dans un mémoire de l'écolâtre chargé de l'examen des preuves d'une présentée à Remiremont (XVIIIe siècle). Il y est dit que „la filiation se doit prouver de 200 ans dans toutes les lignes, et qui manque en l'une manque en toutes pour ainsy dire sur cette matière, parce qu'on ne reçoit les lignes que toutes ensemble", et plus loin „Madame et Madames ne reçoivent ni Epitaphe, ny livre, ny imprimé dans les preuves".

[300]) Arch. nationales (Paris) E, 3146—3149. Preuves de noblesse des cadets-gentilshommes du roi Stanislas, duc de Lorraine. — Ce volumineux receuil des dossiers de 220 familles ayant produit leurs preuves de noblesse, pour l'admission de leurs fils à l'école militaire fondée à Lunéville, le 30 décembre 1738, sous le titre de Compagnie des Cadets-gentilshommes, nous montre dans plusieurs cas les preuves faites devant nos chapitres comme pièces probantes et justifie ce que nous avons de dit la sévérité dans l'admission des preuves à Remiremont, Epinal, Poussay et Bouxières. Nous citerons celles de Gabrielle de Lavaux (Poussay), au nº 98; celles de Marie-Thérèse d'Herbestein (Remiremont), au nº 127; celles de Marie-Joséphine de Lavaux, de Joséphine de Lavaux d'Ourche et Josèphe de Lavaux (Poussay, 20 janvier 1744, 10 juin 1748, 16 août 1751), au nº 138; celles de Louise de Villelune de Bâtiment (Remiremont), au nº 139; celles de Salette de Rozières (Epinal), au nº 238; celles de Françoise-Bertrude de Fiquelmont (Epinal), au nº 244; celles de Gabrielle-Charlotte de Sublet d'Heudicourt (Epinal), au nº 297.

[301]) Mém. int. ms. de M.-A. de Messey.

[302]) Bibl. p. de Nancy. — H. Lepage, p. 40. — Guinot, l. c. p. 321.

[303]) 1º Barbe des Armoises, doyenne, affirme que madame . . . .

Les chapitres nobles de dames, Paris 1843, p. 296, Marie-Thérèse substitua, au chapitre de Sainte-Waltrude de Mons, ainsi qu'aux trois autres chapitres nobles des Pays-Bas (Nivelle, Andennes et Moustiers-sur-Sambre), par ordonnance du 23 septembre 1769, la méthode allemande à la méthode française. L'art. 1er de ce règlement porte: „Aucune demoiselle ne sera dorénavant admise dans ces chapitres, si, au préalable, elle n'a fait constater qu'elle est légitimement issue de seize quartiers, dont huit du côté paternel et huit du côté maternel, tous de noblesse *ancienne et chevaleureuse, laquelle preuve nous avons substituée et substituons à celle de quatre quartiers paternels et quatre quartiers maternels, ainsi que des ascendants supérieurs*, qui sera et demeure abolie". Suivant l'art. 5 *étaient réputés de noblesse ancienne et chevaleureuse tous les quartiers que l'on ferait constater avoir été reçus et acceptés dans l'un ou dans l'autre des chapitres nobles des Pays-Bas, dans ceux de Maubeuge et de Denain, dans les chapitres nobles de chanoinesses de Prague et d'Inspruck, dans les chapitres nobles de l'empire, aux bailliages de l'ordre teutonique et aux chapitres provinciaux de l'ordre de Malte* (Nous notons que les chapitres de Lorraine étaient assimilés aux chapitres du saint-empire). C'est là une constatation indéniable de la réciprocité, qu'on nous a tant contestée. Nous voyons du reste une disposition identique, à l'art. III du Règlement des preuves du Chapitre R. thérésien du Haradchin, du 31 mai 1766, où il est dit que la noblesse d'extraction des seize quartiers superieurs pourra être prouvée . . . par *les certificats des chapitres cathédraux et autres de l'empire*.

Nous avons marqué avec soin la différence entre le système français et le système allemand, en matière de preuves, et nous devons reconnaître que le système qui a prédominé en Lorraine est le premier. Ce n'est pas seulement dans les chapitres que nous le constatons, mais aussi sur les tombeaux et dans les épitaphes funèbres. De même que nos chanoinesses devaient descendre de père et mère attraits chacun de quatre écus, et qu'il y avait de chaque côté quatre lignes remontant à 200 ans ou à 400 ans, représentées chacune à son sommet par un écu; les hauts gentilshommes avaient aux quatre coins de leurs tombeaux ces 8 écus, indiquant leurs huit lignes (4 paternelles, 4 maternelles), placés en une double grappe, tandis qu'au centre du mausolée ou de l'épitaphe se voyait le blason du mort. Une de ces tombes, aux Cordeliers de Nancy, nous semble le type du genre: au fronton l'écu du mort, et appendus le long des quatre pilastres, les blasons de la ligne paternelle-paternelle, de la ligne maternelle-paternelle, de la ligne paternelle-maternelle, et de la ligne maternelle-maternelle. Nous prenons ces exemples au XVIe siècle. Nous ne devons cependant pas omettre de constater que d'autres tombes et en particulier celle d'Affrican de Bassompierre, † 1633, et de Henriette de Tornielle, son épouse, aux Minimes de Nancy, nous offre selon la méthode allemande, à droite Bassompierre, Dompmartin, Ville et Neufchâtel, puis Radeval, La Mothe, Basset et Montmorency; à gauche, Tornielle, Chalant, Saint Georges et Portugal, puis Du Châtelet, Scepeaux, Bandoche et Le Roux, c'est à dire 8 quartiers de noblesse d'extraction pour chacun des nobles morts. Nous ne devons pas omettre non plus que, d'après les chroniques contemporaines de la pompe funèbre de Charles V, duc de Lorraine, à Nancy, le 19 avril 1700, trente-deux gentilshommes portaient les bannières de trente-deux quartiers des lignes paternelles et maternelles du héros lorrain, et que ces quartiers, étant calculés selon la méthode allemande, représentaient 64 quartiers et 126 aïeux.

Les preuves et les blasons ne sont pas les simples hochets de l'orgueil de race, ils étaient et ils sont encore les symboles d'un passé d'honneur digne de nos plus consciencieuses études. Les chapitres nobles de Lorraine furent un asile pour les filles de la noblesse militaire ou chevaleresque, que les guerres appauvrissaient; ils restèrent les gardiens des seuls principes sur lesquels le trône et l'autel peuvent s'appuyer; et, plus haute était la barrière qui en gardait le seuil, plus forte devait être l'influence exercée dans la société par ces femmes d'un illustre lignage et souvent d'une grande beauté, emportant toujours en quelque sorte dans le monde, avec la croix qui rappelait leur dignité, le parfum des autels et des encensoirs, et ce quelque chose de mystique que leur donnait l'habitude des pieuses oraisons et des cantiques sacrés.

Les chapitres nobles étaient une des gloires de la Lorraine.

est dame chanoinesse de . . . Remiremont, et affirme que ses lignes ont été jurées et reçues. C'est à cet acte qu'append le sceau que nous avons reproduit (2 mai 1718). — 2e Nous avons donné déjà le certificat de Bouxières (24 août 1698). — 3e Un arbre généalogique se fonde sur une admission au chapitre d'Andenne (1758); on y lit la mention: „Extrait de la *Jointe des chapitres nobles des Pays-Bas et Cercle de Bourgogne*; ces exemples que nous pourrions multiplier, suffiront. Nous y trouvons, Andlau, Maubeuge, Nivelle, etc. etc.

Grand sceau secret d'Anne-Charlotte, d'après le cartulaire des Arch. d'Epinal, et d'après l'original mentionné, note 151, *in fine*. — La contre-sceau est le même qu'à la page 4.

APPENDICE.

I.

Arbre de lignes de *Charles Alexandre de Lorraine.*

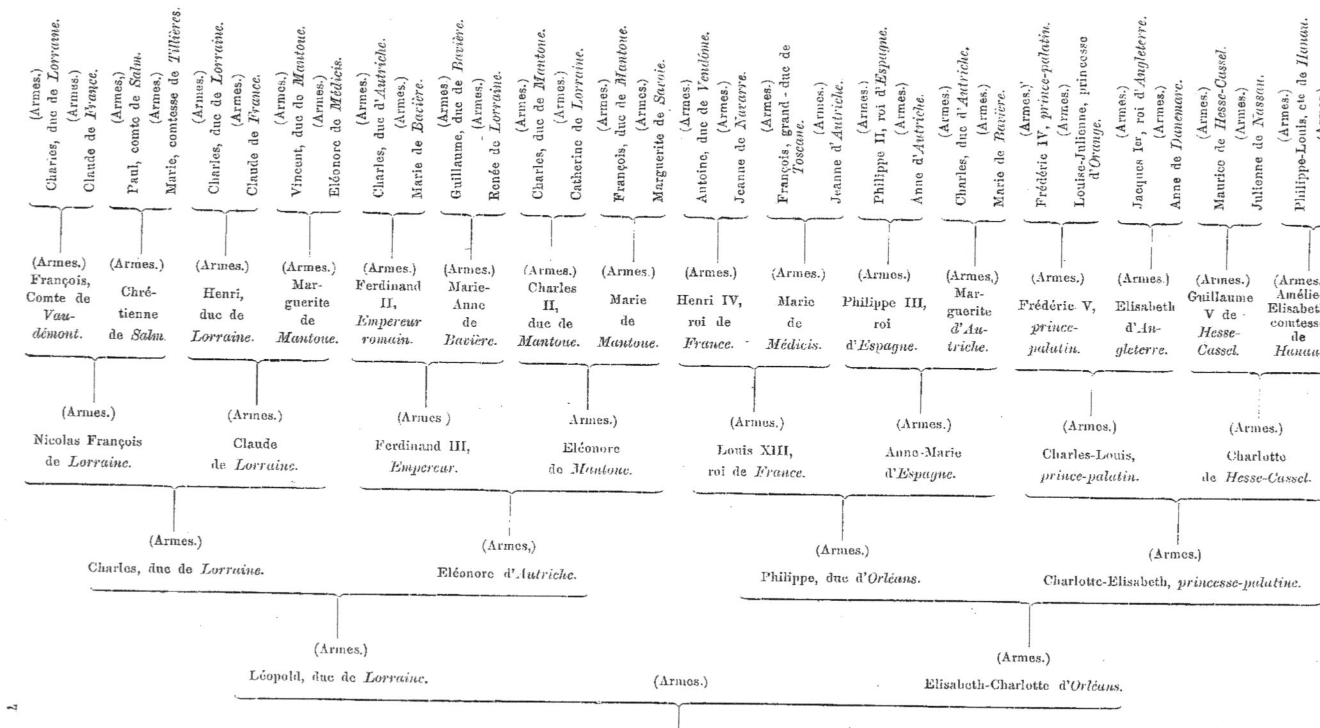

II.

Arbre de lignes de *Marie-Caroline-Albertine de Pouilly.*

L'arbre généalogique ci-dessous est un modèle de la méthode suivie après 1786, devant le chapitre de Bouxières. Ces preuves ont été jurées successivement, le 2 septembre 1788, le 25 mars 1789, le 8 juin 1789, par les chevaliers, Baron de *Kerpen*, Comte de *Lort*, Comte d'*Eltz* (Bibliothèque publique de Nancy, mss. orig., Ordonnances capitulaires, n° 592, p. 84 et s.). L'original est un parchemin de 0·830 sur 0·520 mm., avec armoiries coloriées, et fait partie du Recueil d'arbres de lignes de dix dames du Chapitre de Bouxières (Ibidem, ms. n° 1007).

(400 ans.)

Aubertin de *Pouilly* = Johanne de *Behorart*.
Aubertin de *Pouilly* = Poincette de *Walle*.
Colart de *Pouilly* = Françoise de *Manteville*.
Johan de *Pouilly* = Françoise de *Barthaucourt*.
Aubertin de *Pouilly* = Marie de *Failly*.
Aubertin de *Pouilly* = Marguerite de *Gratinot*.
Jean de *Pouilly* = Marguerite de *Strainchamps*.
Frédéric de *Pouilly* = Lucie de *Maillard*.
Louis de *Pouilly* = Marie de *Pouilly*.
Albert de *Pouilly* = Marguerite de *Chamissot*.
Louis-Joseph de *Pouilly* = Luce-Louise de *Hézècque*.
Albert-Louis de *Pouilly*.

(200 ans.)

Philippe de *Custine* = Anne-Susanne de *Lutzelbourg*.
Adam-Philippe de *Custine* = Marie-Gertrude de Caba de *Cabergh*.
Antoine-Philippe de *Custine* = Marie-Joseph *Tresca*.
Philippe-François-Joseph de *Custine* = Anne-Marguerite de *Maguin*.
Marie-Antoinette-Philippine de *Custine*.

Anne-Marie-Caroline-Albertine de *Pouilly*, reçue Dame de Bouxières, le 30 septembre 1786.

III.

Arbre de lignes de *Marie-Anne de Moy-Sons.*

Voici un autre arbre de lignes, copié, sur les pièces authentiques, que nous a communiquées M. le Marquis *Adolphe Marie de Moy de Sons*, avec des certificats capitulaires antérieurs; c'est celui de M.-A. de *Moy* (Comp. Bibl. pub. de Nancy, mss. 1007, 9). Cet arbre, est-il dit sur la copie authentique, ne reproduit que la ligne paternelle et la ligne maternelle: il confirme donc d'une façon nouvelle ce que nous avons dit des méthodes de la cour, de Bouxières et de Saint-Louis (Il fut ainsi dressé, dès le 11 avril 1767 — chose curieuse — pour le chapitre de Bouxières) On trouve la généalogie identique, du côté paternel, dans les preuves de Charles-Louis de *Moy de Sons*, frère de Marie-Anne, reçu le 26 octobre 1750 aux Cadets-gentilshommes de Stanislas (Arch. nat. Paris, mss. E. 3147, f. 108), et dans le Mémoire de Chérin, chef du cabinet des ordres du Roi, du Ier septembre 1789 (Arch. nat. mss. Honneurs de la cour, T. V, p. 467); du côté maternel, dans les Lettres patentes données à Nancy pour l'érection de la terre de Han en comté de Francquemont, le 27 février 172. par Léopold, duc de *Lorraine*, en faveur de Gabriel-Georges de *Montbelliard* de *Francquemont* (Vidimus.

(400 ans de filiation paternelle.)

Guillaume de *Sons*, écuyer, cadet de la maison de Moy.
Thomassin de *Moy de Sons*, écuyer.
Philippe de *Moy de Sons*, écuyer = Antoinette de *Postel*.
Jean de *Moy de Sons* = Marie de *Parthenay*.
Jean de *Moy de Sons*. écuyer = Florence des *Fossés*.
Onofrieu de *Moy de Sons*, chevalier = Marie de *Barisey*.
François de *Moy de Sons*, chevalier = Isabelle de *Mailly*.
Louis de *Moy de Sons*, chevalier = Elisabeth de *Pavant*.
Charles-Louis de *Moy de Sons*, chevalier = Gabrielle-Angélique de *Riclot*.
Charles-Salomon, marquis de *Moy de Sons*

(281 ans de filiation maternelle.)

Jacques de *Montbelliard*, seigneur de Francquemont.
Jean de *Francquemont* = Anneline d'*Arbonnay*.
Henry de *Francquemont*, écuyer = Marguerite de *Gruichal*.
Georges de *Francquemont*, écuyer = Marguerite de *Lavoncourt*.
Michel de *Francquemont*, chevalier = Marguerite de *Brunicoffen*.
Georges de *Francquemont*, chevalier = Angélique du *Châtelet*.
Gabriel-Georges de *Francquemont*, chevalier = Marguerite de *Maillet*.
Nicolas-Joseph de *Francquemont*, chevalier = Jeanne de *Maillet*.
Claude, Comte de *Francquemont*, chevalier = Barbe-Fr. Comtesse d'*Aspremont*.
Jeanne-Gabrielle de *Francquemont*.

Marie-Anne de *Moy-Sons*.

Arbre de lignes de *Marie-Françoise-Angélique de Messey de Bielle*, Chan. de Remiremont,

(18 mai 1744 [1]).

Côté paternel.

1. Jean de *Messey*, écuyer, seigneur de Sainte Sabine, etc.
2. Magdelaine de *Vienne*.
3. Georges de *Vingle*, chevalier, seign. de Drey, gouverneur de Dijon, grand bailly Dieuxois.
4. Jeanne de *Longuay*.
5. Claude de *Vaux*, écuyer, seigneur de Vaux, de Lée, Cassy, Thierry, Baron de Sarigny.
6. Marguerite de *Malain*.
7. Lazar de *Brechard*, chevalier de l'ordre du roi, seigneur dudit lieu, Veuserot, Thiery, etc.
8. Jeanne de *Bournonville*.
9. Georges de *Saint Belin*, écuyer, seigneur de Bielle, Thivet, Marcille, Pont-Mignard, etc.
10. Guillemette de *Montconis*.
11. Denis d'*Orge*, écuyer, seigneur de Villeberny, Champeaul, Louviere, etc.
12. Chrétienne Regnier de *Montmoyen*.
13. Humbert de *Malain*, écuyer, seigneur de Malain, et de Vandenay.
14. Jeanne des *Essart*.
15. Jean de *Chaussin*, écuyer, seigneur dudit lieu.
16. Claudine-Françoise de *Boutechoux*.
17. Georges de *Saint Belin*, comme au 9.
18. Guillemotte de *Monteconis*, comme au 9.
19. Denis d'*Orge*, comme au 11.
20. Chr. Regnyer de *Montmoyen*, comme au 12.
21. Humbert de *Malain*, comme au 13.
22. Jeanne des *Essart*, comme au 14.
23. Jeanne de *Chaussin*, comme au 15.
24. Claudine Fr. de *Boutechoux*, comme au 16.
25. Nicolas d'*Haranguier*, écuyer, seigneur d'Hainville, etc.
26. Susanne de *Chambly*.
27. Jean de *Sennevoy*, seigneur dudit lieu, Ballo, Villemorien, etc.
28. Jeanne de *Houssy*.
29. Charles de *Fougere*, écuyer, seigneur d'Aure, de Busson, etc.
30. Marguerite d'*Anlezit*.
31. Georges d'*Espinoy*, chevalier, Vicomte de Coole, Baron de Songye, seigneur de Pouilly, de Tourteront, etc.
32. Charlotte d'*Ambly*.

---

1. Antoine de *Messey*, écuyer, seigneur de Sainte-Sabine, capitaine d'une compagnie de cent arquebusiers à cheval.
2. Chrétienne de *Vingle*.
3. Jean de *Vaux*, chevalier, seigneur de Vaux, Lée, Bise, Thiery, Culestre, Cussy, Bussenoy et Vergomcey.
4. Barbe de *Bréchard*.
5. Gabriel de *Saint Belin*, chevalier, seigneur de Biello, etc.
6. Emée d'*Orge*.
7. Jean de *Malain*, chevalier, Baron de Vaudenay, seigneur de Viseolon, Maisiere, Saint Bazile, Nauley, Seignelag, etc.
8. Denise Eléonore de *Chaussin*.
9. Gabriel de *Saint Belin*, chevalier, seigneur de Bielle, etc.
10. Emée d'*Orge*.
11. Jean de *Malain*.
12. Denise-Eléonore de *Chaussin*.
13. Roland d'*Haranguier*, écuyer, seigneur de Quincevot et d'Hainville.
14. Marguerite de *Sennecoy*.
15. Philippe de *Fougere*, chevalier, seigneur d'Aure.
16. Bonne d'*Espinoy*.

---

1. Gaspard de *Messey*, chevalier, seigneur de Sainte Sabine, Thiéry, etc. commandant la compagnie d'ordonnance de Mgr le duc de Mayenne et capitaine de cent hommes.
2. Marguerite de *Vaux*.
3. George de *Saint-Belin*, chevalier, comte de Bielle, seigneur et Baron de Vaudenay, Elu de la noblesse de Bourgogne.
4. Françoise de *Malain*.
5. George de *Saint-Belin*, chevalier, comte de Bielle et Baron de Vandenay.
6. Françoise de *Malain*.
7. Charles d'*Haranguier*, chevalier, seigneur de Quincevot et de Chassey, capitaine au Régiment de Normandie.
8. Magdeleine de *Fougere*.

---

1. Antoine de *Messey*, chevalier, Baron de Braux, seigneur de Sainte Sabine, Thiery, etc. capitaine en chef au Régiment d'Anguin Infanterie.
2. Emée de *Saint Belin*.
3. Joseph-François de *Saint-Belin*, chevalier, seigneur de Fontaine, etc.
4. Nicole d'*Haranguier*.

---

1. François de *Messey*, Chevalier, comte de Bielle, seigneur de Quincerot, Orcois, etc. Capitaine de cavalerie au Régiment de Choisy.
2. Henriette-Françoise de *Saint Belin*.

Gabriel de *Messey*, chevalier, comte de *Bielle*, seigneur de Sarcey, etc. — ép. — Madame Louise-Petronille de *Ligniville*.

Madame Marie-Françoise-Angélique de *Messey*, comtesse de *Bielle*, dame de Remiremont [2]).

---

[1]) 32 quartiers, du côté paternel; avec dispense des preuves du côté maternel, depuis longtemps jurées (Bibl. p. de Nancy, orig. ms. 1008).

[2]) D'azur au sautoir d'or, avec couronne de marquis, pour cimier un massacre de cerf au naturel sommé d'or, supportant une croix haussée chargée d'un crucifix de gueules, et pour supports, un sauvage à dextre et un lion à senestre. Les armes des Messey figurent à Versailles, à la salle des Croisades, où est représenté Villermur de Messée, qui a fait partie de l'expédition de 1240. — La devise est: „Deo Solo".

V.

Arbre de lignes de *Charlotte-Philippine du Houx.*

Nous trouvons aux archives de l'insigne chapitre R. de Marie-Thérèse, au Haradchin (Prague), aux *preuves* d'une Lorraine, *Charlotte-Philippine du Houx*, reçue chanoinesse le 9/18 mars 1799 (Nr. 106), un arbre généalogique dressé à la manière française (13 générations ascendantes en ligne directe représentant plus de 400 ans de noblesse d'extraction, du côté paternel, avec les alliances à chaque degré, et, du côté maternel, 11 générations ascendantes, de même, représentant plus de 300 ans de noblesse d'extraction), puis complété pour le chapitre du Haradchin, d'après les Statuts de Marie-Thérèse du 30 mai 1766. La pièce est trop curieuse pour ne pas être reproduite.

Jean du *Houx*, seigneur du Houx; ép. Lorie de *Mouson*.

Gilles du *Houx*, seigneur du Houx; ép. Huguette de *Nouroy*.

Guillaume du *Houx*, seigneur du Houx; ép. Jeanne de *Saurille*.

Claude du *Houx*, seigneur du Houx; ép. Marguerite de la *Guiche*.

Nicolas du *Houx*, seigneur de Vioménil; ép. Gabrielle de *Thietry*.

Guillaume du *Houx*, seigneur de Vioménil; ép. Françoise de Visse.

François du *Houx*, seigneur de Vioménil; ép. Yolande de *Hennezel*.

Georges du *Houx*, seigneur de Vioménil; ép. Claudine du *Houx*.

Hugues du *Puy*, seigneur de Gery; ép. Antoinette de *Chastelux*.

Jean du *Puy*, seigneur de Gery; ép. Mayon de *Banzsy*.

Didier du *Puy*; ép. Marguerite de *Redeguy*.

François du *Puy*; ép. Mayon de *Nares*.

Didier du *Puy*, seigneur de Géry; ép. Philippe de la *Motte*.

Louis de *Puy*; ép. Nicolle de *Pouilly*.

François du *Houx*, seigneur de Vioménil; ép. Françoise des *Bigots*.	Jean de Marien, seigneur de *Rise*; ép. Marguerite de *Clément*.	Louis de *Floriot*, seigneur de Brenit; ép. Anne de *Villers*.	Antoine de *Tervenus*; ép. Anne de *Bilistein*.	David du *Puy*, chevalier; ép. Marguerite de la *Fosse*.	Charles Oryot de *Jubainville*; ép. Gabrielle de *Saint Remis*.	François du *Houx*, ép. Françoise des *Bigots*.	Jean de *Marien*, seigneur de Rise, ép. Marguerite de *Clément*.
Georges du *Houx*, seigneur de Dombasles; ép. Anne-Salomé de la *Mouilly*.	Jean de Marien, seigneur de *Fremery*; ép, Anne-Françoise de *Dattel*.	Florentin de *Floriot*; ép. Elisabeth de *Guillemain*.	Joseph de *Tervenus*. ép. Anne de *Malenit*.	François du *Puy*, chevalier; ép. Catherine de *Ardennes*.	Charles Oryot de *Jubainville*; ép. Marie de *Millet*.	Georges du *Houx*; ép. Anne-Salomé de la *Mouilly*.	Jean de *Marien*, seign. de Fremery; ép. Anne-Françoise de *Dattel*.
Louis-François du *Houx*, chevalier, seigneur de Dombasles.	Jeanne de *Marien*.	Nicolas-François de *Floriot*.	Marianne de *Tervenus*.	François-Anne, Baron du *Puy*.	Catherine Oriot de *Jubainville*.	Louis-François du *Houx*, seigneur de Dombasle.	Jeanne de *Marien*.
Jean-François, comte du *Houx*, chevalier, seigneur de Dombasle.		Anne-Elisabeth de *Floriot*.		Louis-Joseph, comte du *Puy*, chevalier, seigneur de Avrainville.		Jeanne-Cécile du *Houx*, comtesse de Dombasle.	
Jean-Dominique-Robert, comte du *Houx*, chevalier, seigneur de Dombasle.				Elisabeth-Charlotte, comtesse du *Puy*, Dame de Avrainville.			

Charlotte-Philippine, comtesse du *Houx de Dombasle* *).

*) Le membre le plus illustre de cette lignée est Joseph-Hyacinthe du *Houx*, marquis de Vioménil, maréchal et pair de France, né à Ruppe (Lorraine), le 10 mai 1734, mort à Paris, le 23 avril 1821, chevalier de l'ordre R. du Saint-Esprit, du 30 septembre 1820.

21 Janvier 9

Ouvrages du même auteur.

ORDRES RELIGIEUX DE CHEVALERIE.

I.

Annales de l'Ordre Teutonique.

Paris et Vienne 1887.

II.

(Sous presse.)

Annales de l'Ordre de Malte.

Paris, Vienne et Madrid.

(En préparation.)

Chapitres nobles d'Autriche

Annales, documents, listes, portraits, décorations, sceaux et blasons.

Imprimerie Charles Gérold fils, à Vienne.